FALKEN
FARBIG

Klaus Groth

Kuchen und Torten

FALKEN VERLAG

Rezepte Titelbild:
Walnuß-Schokoladen-Torte S. 27, Mandeltorte S. 43, Schwarzwälder Kirschtorte S. 42.

Rezepte Seite 2:
Haselnußtorte (unten links) S. 60, Englischer Teekuchen (unten rechts) S. 19, Kirschkranz (Mitte) S. 19, Bienenstich (hinten) S. 37.

ISBN 3 8068 5067 4

Fotos: Jahreszeiten-Verlag,
Union Deutsche Lebensmittelwerke GmbH,
Kraft-Küchen-Service Eschborn b. Frankfurt
(aus „Das neue leichte Kuchenbacken")
Lithos: Paja-Klischees, Frankfurt/M.
Satz: Mitterweger, Plankstadt b. Heidelberg
Druck: VOD, Heidelberg

817 2635 4453

Inhalt

Abkürzungen:

EL	Eßlöffel
KL	Kaffeelöffel
P.	Päckchen, Paket
gr.	groß
kl.	klein

Backe, backe Kuchen . . .

Backe, backe Kuchen,
Der Bäcker hat gerufen,
Wer will gute Kuchen machen,
Der muß haben sieben Sachen:
Eier und Salz,
Butter und Schmalz,
Milch und Mehl,
Safran macht den Kuchen geel.

Haben Sie nachgezählt? Sind es sieben Sachen? Ja, es sind. Nur Zucker fehlt, und Hefe oder Backpulver oder sonst ein Triebmittel. Naja, viele Eier wirken auch wie ein Triebmittel. Aber Zucker muß sein, oder Honig, oder auch – wenn's nottut – Süßstoff. Klingt alles ziemlich kompliziert für Noch-Nicht-Bäcker. Die anderen, die schon gebacken haben, schütteln jetzt nur müde das Haupt. Trotzdem hoffe ich, daß auch diejenigen, die schon in der Kunst des Backens fortgeschritten sind, wenigstens einige Tips und Anregungen in diesem Buch finden werden.

Safran macht den Kuchen geel. Nicht nur des Reimes wegen heißt es geel statt gelb. In manchen Gegenden Deutschlands sagt man heute noch geel, mindestens seit dem Mittelalter. Und so lange kennt man auch bei uns das Gewürz Safran, das eigentlich orangerot ist, aber trotzdem den Kuchen geel macht, wenn man es messerspitzenweise den Zutaten beifügt. Es hat einen ganz leichten Krokusgeruch – kein Wunder, es besteht aus dem Blütenstaub der Krokusblüten –, verändert aber in den geringen Dosen, in denen es verwendet wird, den Geschmack überhaupt nicht, sondern macht halt nur den Kuchen geel. Und der harmlose Esser ist dann der früher von der Hausfrau gewollten Meinung, in dem Kuchen seien besonders viele Eier. Das ist alles. Verwenden Sie ruhig Safran, wenn Ihnen danach ist, bei Rührkuchen aller Art, bei Biskuitböden und anderen, es sieht immer hübsch aus. Auch bei Marmorkuchen setzt sich das Gelb besonders gut vom Schokoladenbraun ab. Aber was red' ich da. So weit sind wir noch lange nicht.

Wer will guten Kuchen machen, der muß nicht nur die oben erwähnten sieben Sachen haben, sondern einiges mehr. Zum Beispiel einen Backofen. Daran kommen wir nicht vorbei. Sei es nun ein Gas- oder Elektrobackofen, oder auch, was es immer noch gibt, ein Holz- oder Kohlebackofen. Die beiden letzteren lassen wir aber bei den Backanleitungen besser weg, denn sie sind so selten geworden, daß wir guten Gewissens darauf verzichten können. Ich habe zwar bis vor kurzem noch in einem alten Holzbackofen gebacken, mit sehr schönen Resultaten, aber inzwischen doch beschlossen, ihn stillzulegen. Dieser Ofen steht zwar noch in meinem Haus und wird auch stehen bleiben, war aber für eine bäuerliche Großfamilie vorgesehen, die darin auch ihr Brot buk, und das gleich für die ganze Woche. Mindestens – ich übertreibe – ein halber Festmeter Holz war zur

Erzeugung der Hitze notwendig. Dann allerdings konnte man etwa 20 Brote, 10 Kuchen und noch ganze Mittagessen darin backen und garen. Aber was machen Sie, wenn mal unangesagter Besuch kommt, und Sie wollen aus einem halben Pfund Mehl, ein bißchen Butter, Zucker, Ei und etwas Obst einen schnellen Kuchen backen? Sehen Sie.
Für unsere Zwecke genügt völlig ein Gas- oder Elektrobackofen. Grundsätzlich sollte man sich an die jeweilige Betriebsanleitung halten, sie sorgfältig aufbewahren. Zwischendurch muß man nämlich immer etwas nachschlagen, von dem man glaubt, das vergesse man nie. Man vergißt es doch. Wenn Sie mich jetzt fragen – für den Fall, daß Sie vor der Einrichtung einer Küche stehen –, welche Art Backofen denn nun besser sei, so kann ich nur antworten, daß sowohl Gas- als auch Elektrobacköfen sehr schöne Resultate bringen. Zum Elektroofen wäre vielleicht bei einer Neuanschaffung noch zu sagen, daß die zur Zeit modernen Heißluftöfen für eine größere Familie etwas praktischer sind, da man mehrere Blechkuchen gleichzeitig backen kann.
Die modernen Gas- und auch Elektrobacköfen haben alle einen Thermostat, dessen Zweck es ist, die Backtemperatur automatisch zu regeln, also eine einmal eingestellte Temperatur zu halten. Bei den Elektroöfen kann man die sogenannte Nachwärme ausnutzen, das heißt, man kann sie etwa 5 bis 10 Minuten vor Ende der Backzeit bereits abschalten, weil die in den Platten gespeicherte Wärme noch so lange die Temperatur hält. Dafür heizen sie sich etwas langsamer auf als ein Gasbackofen, meine ich herausgefunden zu haben. Sie sehen, es bleibt sich also gleich.

Vorteilhaft ist natürlich, wenn der Backofen eine Sichtscheibe besitzt und eine Innenbeleuchtung, denn dann kann man dem Gelingen seines Werkes zuschauen, ohne die Backofentür zu öffnen, was manche Kuchenarten gar nicht so gern haben. Auf Grund des plötzlichen Temperatursturzes klatschen sie einem dann zusammen. Ja, das ist der richtige Ausdruck: klatschen. Wer es einmal erlebt hat, wird nie wieder eine Backofentür vor Ende der vorgeschriebenen Zeit öffnen. Sonst gibt es, wie es bei mir genannt wird, Ehmis Klietschkuchen. Ehmi war meine äußerst ungeduldige Großmutter, der es, so lange ich das Vergnügen hatte, sie zu kennen, nie gelang, einen normalen Kuchen auf den Tisch zu bringen. Er klietschte immer. Das Wort werden Sie in keinem Lexikon finden, aber es beschreibt sehr gut das Gefühl und das Geräusch, das man beim Essen von Ehmis Kuchen, gegessen werden mußten sie ja, hatte.
Ganz anders bei JaJa, meiner verehrungswürdigen Amme, die es verstand, aus jedem Kuchen eine Mordwaffe zu machen. Im Gegensatz zu Ehmi war sie überaus geduldig, aber in gleichem Maße vergeßlich... Etwas vergaß sie immer, entweder, daß der Kuchen im Ofen war, oder die Hefe, das Backpulver, Eier, Zucker, Butter, Mehl. Oh nein, beileibe nicht alles auf einmal, immer nur eins. Bei jedem Kuchen eine Zutat. Manchmal gelang ihr auch ein Kuchen. Die Familie jubelte. Man flehte sie an, den gleichen Kuchen noch einmal zu backen, aber das gelang ihr nie. Als schöpferischer Mensch veränderte sie das bewährte Rezept bis zur Unkenntlichkeit, und so sind wir nur selten in den Genuß eines einwandfreien Kuchens gekommen, der im eigenen Hause gebacken wurde. Ihr Meisterstück war ein Gugelhupf, dem sie vergessen hatte, Hefe beizugeben, und den sie außerdem noch zu lange im Ofen gelassen hatte. Mein Vetter und ich nannten dieses kulinarische Werk mit kindlicher Grausamkeit »die eiserne Krone der Langobarden« (wir hatten die Langobarden gerade in der Schule durchgenommen) und haben uns bei Streitigkeiten noch einige Jahre lang damit beworfen.
Aber nicht überflüssig waren diese beiden Geschichten. Sie sollten eindringlich warnen: einmal vor der Neugier, die ja auch uns Männer plagt; niemals die Backofentür öffnen, bevor die vorgeschriebene Zeit abgelaufen ist! Zum anderen vor der Vergeßlichkeit; niemals anfangen zu backen, bevor nicht alle Zutaten fein säuberlich abgewogen beieinander sind, und – das ist genau so wichtig – niemals den Kuchen im Ofen vergessen. Schließlich habe ich noch einen dritten Grund, warum ich die Geschichtchen erzählt habe. Ich esse gern selbstgemachten Kuchen. In meiner Kindheit war er mir aus besagten Gründen nie vergönnt, da habe ich mich als erwachsener Mann halt daran gemacht, nachzuholen, was dem Knaben versagt bleiben mußte. Und um viele Kinder und Enkelkinder vor meinem gnadenlosen Schicksal zu bewahren, habe ich dies Buch geschrieben.

Und noch eins, ich darf es vielleicht an dieser Stelle sagen:
Ich habe die jeweils den Grundrezepten folgenden Rezepte beileibe nicht alle erfunden. Sie stammen von Verwandten, Freunden, Bekannten und anderen lieben Mitmenschen, von Bäckern, Konditoren und – ein nicht zu unterschätzender Teil – von Nachbarn. Aus dem In- und Ausland, Deutschland, Frankreich, Italien, Benelux, Canada, USA, aus der Schweiz, aus Österreich, Schweden, Rumänien, Polen, Rußland und Israel.

Wer zählt die Länder, nennt die Namen ...
All diesen unbekannten und bekannten Helfern fühle ich mich sehr zu Dank verpflichtet.

Und der Verlag bedankt sich beim Sanella-Backstudio für das Ausprobieren von acht neuen Rezepten.

Bild rechts:
Englischer Teekuchen (Rezept S. 19)
Prästgardens pepparkaka (Rezept S. 16)
Nußtorte (Rezept S. 19)

Das richtige Handwerkszeug und wie man es gebraucht

Backgerät

Außer dem Backofen brauchen Sie natürlich auch Backgerät. Dazu gehören Backformen, Backbleche und dergleichen mehr. Die Backbleche werden meist mit den Backöfen geliefert. Ich verstehe in diesem Fall unter Backblech auch die Fettpfanne, die man sehr gut als Backblech, besonders für Obstkuchen oder große Käsekuchen, verwenden kann.
Grundsätzlich ist zu allen Backformen und Blechen zu sagen, daß sie entweder aus Schwarz- oder Weißblech, Glas, Ton, Steingut oder vereinzelt noch aus Kupfer bestehen. Nun ist wieder einmal die Frage, was besser ist. Vergleichende Versuche haben gezeigt, daß alle dunklen und matten Formen von unten und oben gleichmäßig gebräuntes Gebäck ergeben. In hellen Formen sowie in Glas-, Ton-, Steingut- und Kupferformen bräunt der Kuchen von unten mehr als von oben. Ich persönlich ziehe grundsätzlich dunkle Formen vor. Aber das ist Geschmackssache.

Es gibt zum Beispiel Kasten- und Rehrückenformen, Napfkuchen-, Spring- oder Tortenformen, Kranz- oder Ringformen unterschiedlicher Größe. Mein Vorschlag ist, sich folgende Formen als Grundausstattung anzuschaffen:

1 Kastenform ca. 26 cm Länge,
1 Springform ca. 26 cm Durchmesser (3teilig),
1 Käsekuchenform, auch als Tortenform, ca. 28 cm Durchmesser,
1 Napfkuchen- oder Gugelhupfform
sowie die Bleche aus dem Herd einschließlich der Fettpfanne.

Damit müßten Sie für den Anfang zurechtkommen. Zur Springform wäre noch zu sagen, daß man sie 3teilig im Handel bekommt, man kann also das Seitenteil, den Mantel, jeweils auf eine andere Grundform spannen, so daß sich vorerst die Anschaffung einer Napfkuchen- und Käsekuchenform erübrigt. Letztendlich ist das eine Geld- und Platzfrage.
Alle diese Kuchenformen gibt es auch kunststoffbeschichtet, das hat den Vorteil, daß man die Formen nicht so stark ausfetten muß. Aber unter uns, die Kruste am Kuchen gehört doch zum Besten, deswegen fette ich meine kunststoffbeschichteten Formen genauso aus wie die anderen. Allerdings lösen sich die Kuchen leichter aus einer kunststoffbeschichteten Form, sofern die Kunststoffschicht unbeschädigt ist, also keine Kratzer aufweist. Darauf sollte man beim Reinigen besonders achten. Gereinigt werden Backformen aller Art durch einfaches Spülen mit lauwarmen Wasser, dem man ein wenig Spülmittel zusetzt. Dann lauwarm nachspülen und die Formen an der Luft oder noch besser im Backofen bei 50 Grad trocknen lassen.
Grundsätzlich werden alle Kuchenformen vor Hineingeben des Teiges gut ausgefettet. Mit Butter oder Margarine, keinesfalls mit Öl. Ich mach's mit den Fingern, feinere Leute benutzen dazu einen Pinsel oder Papier. Sturzformen, wie Napfkuchen- oder Ringformen, müssen besonders sorgfältig gefettet und zusätzlich mit feinem Paniermehl (Semmelbrösel) ausgestreut werden. Kastenformen kann man mit gefettetem Butterbrotpapier auslegen, der Kuchen läßt sich dann leichter aus der Form nehmen und hält sich auch länger frisch. Noch ein Tip: Spring- und Tortenformen nur am Boden einfetten. Man vermeidet dadurch das unerwünschte Wölben des Teigbodens. Bleche und Fettpfannen werden im allgemeinen gefettet und bemehlt. Man streut einfach etwas Mehl über das gefettete Blech und bewegt es hin und her, bis sich das Mehl gut verteilt hat. Den Rest entfernt man durch leichtes Klopfen auf den Blechboden.
Eine große Hilfe bei der Kuchenbereitung ist eine elektrische Küchenmaschine oder auch ein elektrischer Rührbesen. Man erspart sich viel Zeit und Müh'. Aber ein Muß sind diese Dinge beim Kuchenbacken nicht. Oma hatte nichts dergleichen. Doch, ich lüge, sie hatte eine Blitzrührschüssel, das war damals das Neueste auf dem Markt. Allerdings hatte sie nicht lange Freude an ihr, mein Vetter und ich haben sie nämlich zweckentfremdet. Wir benutzten sie zum Betonmachen. Der Beton band wider Erwarten sehr schnell ab...
Nein, wir kommen immer noch nicht zu den Rezepten. Es muß noch einiges Grundsätzliches gesagt werden. Es hilft nichts, dies Buch hat ein Mann geschrieben, und wir Männer neigen nun einmal dazu, Grundsätzliches zu sagen. Aus Faulheit, versteht sich. Was einmal gesagt ist, ist gesagt und braucht nicht jedesmal wiederholt zu werden. Wir brauchen noch 5 sehr wichtige Utensilien:

1 Küchenwaage, 1 Drahtgitter, 1 Küchenwecker, 1 Backbrett, 1 Litermaß.

Auf das Backbrett können Sie verzichten, wenn Ihre Küche eine kunststoffbeschichtete Arbeitsplatte besitzt, die wirklich schnittfest ist, denn es gibt einige Teigarten, die werden mit einem Messer gehackt. Und das hinterläßt Spuren. Das Drahtgitter brauchen Sie, um den Kuchen darauf abkühlen zu lassen. Die Küchenwaage und das Litermaß sind unerläßlich, wenn Sie sich jetzt zum ersten Mal ans Backen machen. Mit der Zeit gewinnen Sie allerdings ein gewisses Augenmaß. Doch auch das kann täuschen, besonders, wenn Sie ein neues Rezept ausprobieren möchten, das Sie vielleicht von Ihrer besten Freundin oder deren Freund haben. Übrigens: Der Küchenwecker hat schon manchen Kuchen vor dem sicheren Verbrennen gerettet. Sie erinnern sich vielleicht an meine Amme?!

Grundsätzliches zur Teigbereitung

Jetzt wird es langsam ernst. Zunächst: Eine Prise Salz kann jedem Teig zugeführt werden, sie erhöht den Geschmack, besonders bei Hefegebäck. Man unterscheidet grundsätzlich - schon wieder etwas Grundsätzliches - verschiedene Teigarten, deren Herstellung und Grundrezepte in der Einführung der jeweiligen Rezeptgruppen beschrieben sind. Sie sollten sie aufmerksam lesen, da sie bei den einzelnen Rezepten aus Platzgründen nicht wiederholt werden.
Kunststoffschüsseln und Kunststoffrührlöffel, am besten mit einem Loch in der Mitte, scheinen mir am hygienischsten für die Teigbereitung zu sein. Bei den Kunststoffschüsseln gibt es welche, die sich mit einem Gummiring am Boden festsaugen. Wenn der Gummiring und die Arbeitsplatte peinlich sauber sind, halten sie wunderbar, und man spart viel Kraft, die man sonst mit dem Festhalten der Schüssel vergeudet. Die diversen Rührlöffel faßt man ziemlich kurz und rührt entgegengesetzt dem Uhrzeigersinn, das erspart nochmals Kraft.
Eier sollten immer einzeln aufgeschlagen werden, es könnte mal ein faules darunter sein. Auch sollten Eier niemals mit Aluminiumgefäßen oder -geräten in Berührung kommen. Eiweiß immer erst kurz vor der Verwendung zu Schnee schlagen, und dann bis zur Verarbeitung in den Kühlschrank damit. Eischnee darf nie unter den Teig gerührt, sondern nur vorsichtig untergehoben werden, sonst geht die auflockernde Wirkung leider verloren, und Sie hätten sich die Mühe sparen können.

Cremes, Güsse und Streusel

Jetzt geht es aber wirklich los mit Rezepten, wenn auch nicht gleich mit den eigentlichen Kuchenrezepten. Ich habe mir gedacht, daß es vielleicht ganz sinnvoll wäre, Sie zuerst einmal mit möglichen Cremes, Güssen und Streuseln bekannt zu machen, die man bei allen möglichen Teigarten verwenden kann. So können Sie dann schon einen einfachen Kuchen nach den angegebenen Grundrezepten backen und ihn, wenn er gelungen sein sollte – warum sollte er das nicht – Ihrem persönlichen Geschmack entsprechend ohne Gefahr variieren.
Die Rezepte sind zum Bestreichen von zwei Tortenböden berechnet. Wollen Sie die Torte noch verzieren und auch den Rand bestreichen, sollten Sie die doppelten Mengen verwenden.
Durch Beimischen von Fruchtmus, Kakao und dergleichen kann man die Creme auch färben. Sollen Farbtöne erzielt werden, die durch natürliche Mittel nicht zu erreichen sind, kann man auch die im Handel erhältlichen Lebensmittelfarben verwenden.
Wie wäre es mit einem pastellfarbigen Herzen zum Valentinstag (siehe Bild rechts).

Einfache Creme

½ l Milch, 60 g Zucker, 50 g Butter, 30 g Stärkemehl, 2 Eigelb, 2 Blatt Gelatine oder 2 KL Gelatinepulver.

4 bis 5 Eßlöffel Milch zum Anrühren des Stärkemehls zurücklassen. Die restliche Milch mit dem Zucker und dem Fett zum Kochen bringen und vom Feuer nehmen. Das mit Milch und Eigelb verquirlte Stärkemehl unter Rühren hineingießen und eine Minute kochen lassen. Den Topf zur Seite nehmen und entweder das nach Vorschrift gequollene Gelatinepulver oder die eingeweichte Blattgelatine unterrühren. Die Creme unter mehrmaligem Rühren erkalten lassen. Dieser einfachen Creme können Sie nun verschiedene Geschmacksrichtungen geben, durch Beigabe von Vanillezucker, 2 Eßlöffeln Rum, 2 bis 3 Eßlöffeln Zitronensaft, 2 bis 3 Kaffeelöffeln Pulverkaffee oder 40 g Schokoladenpulver. Auch der Zusatz von 100 g geriebenen Haselnüssen ergibt eine feine Creme, nur müssen Sie dann beachten, daß die Creme nicht mehr gespritzt, sondern nur aufgestrichen werden kann. Die Nüsse würden die Spritzdüse entweder verstopfen oder an den Rändern hängen bleiben, so daß exaktes Arbeiten nicht mehr gewährt wäre.

Einfache Buttercreme

¼ l Milch, 50 g Zucker, 20 g Kokosfett, 25 g Stärkemehl oder ½ P. Puddingpulver, 1 Eigelb, 100 g Butter, 25 g Puderzucker.

3 Eßlöffel Milch zum Anrühren des Stärkemehls zurücklassen. Die restliche Milch mit dem Zucker und dem Fett zum Kochen bringen. Vom Feuer nehmen, das mit Milch und Eigelb verquirlte Stärkemehl unter Rühren hineingießen und eine Minute kochen. Die Masse abkühlen lassen, dabei öfter rühren. Die Butter mit dem Puderzucker sahnig rühren und die abgekühlte Creme löffelweise untermischen. Butter und Creme müssen ungefähr die gleiche Temperatur haben, damit die Creme nicht gerinnt. Zur Verfeinerung können noch weitere Geschmackszutaten hinzugefügt werden (siehe Rezept »Einfache Creme«).

Nuß-Sahne-Creme

¼ l Schlagsahne, 75 g Zucker, 125 g geriebene Walnüsse, 2 Blatt weiße Gelatine.

Sahne steif schlagen und mit dem Zucker und den geriebenen Nüssen vermengen. Gelatine in einem Kaffeelöffel heißem Wasser auflösen und tropfenweise zugeben.
Güsse aller Art werden immer auf den noch warmen Kuchen gezogen, der allerdings nicht mehr heiß sein darf. Von der Flüssigkeit, die vorher immer erwärmt werden sollte, gibt man die letzte Hälfte immer nur tropfenweise zu, bis die Masse dickflüssig ist. Je nach Feuchtigkeitsgehalt des Zuckers kann es sonst passieren, daß die Gußmasse zu flüssig wird.

Feine Buttercreme

250 g Butter, 250 g Puderzucker, 1–2 Eigelb.

Die Butter sahnig rühren. Nach und nach den Puderzucker und zuletzt das Eigelb hinzufügen. Die Creme kann noch mit verschiedenen Geschmackszutaten verfeinert werden (siehe Rezept »Einfache Creme«).
Die feine Buttercreme ist aber gleichzeitig auch eine echte Kalorienbombe. Weniger kalorienreich sind Cremes, die Sie mit Schlagsahne und allen möglichen Früchten herstellen können, Ananas, Banane, Mandarinen aus der Dose, Pfirsichen, Himbeeren, schwarzen Johannisbeeren und natürlich Erdbeeren. Tiefgefrorene Früchte sind ebenfalls sehr gut geeignet. Da diese Früchte oft bereits gezuckert sind, sollten Sie bei der Zuckerzugabe ziemlich zurückhaltend sein.

Einfacher Zuckerguß

250 g Puderzucker, 2–3 EL Flüssigkeit (Wasser, Rum, Zitronensaft, Milch, Kirschsaft etc.) oder 2 steif geschlagene Eiweiß.

Den Puderzucker nach und nach mit der jeweiligen Flüssigkeit verrühren. Wenn Sie einen dunklen Guß wollen, geben Sie noch 20 g Schokoladenpulver dazu und ein paar Tropfen mehr Flüssigkeit. Die angegebene Menge reicht für einen Kuchen von ca. 26 cm Kastenlänge oder eine Torte von 24 bis 28 cm Durchmesser.

Mit Zitronensaft, Eischnee oder Kirschsaft läßt sich der einfache Zuckerguß verfeinern.

Erdbeer-Sahne-Creme

375 g Erdbeeren (frisch oder tiefgekühlt), 3/8 l Schlagsahne, Zucker, 1 P. Sahnefestiger.

Die Erdbeeren etwas zerkleinern, aber nicht zuckern. Einige zum Verzieren zurücklassen. Die gesüßte, mit Sahnefestiger geschlagene Sahne mit den Früchten vorsichtig mischen und auf den Teigboden streichen.

Schokoladenguß

150–200 g Kouverture oder (besonders fein) Milchschokolade, 1–2 EL Sahne.

Die Schokolade zerbröckeln und mit der Sahne in ein Töpfchen geben. Bei ganz kleiner Flamme unter ständigem Rühren schmelzen lassen. Wenn die Masse erkaltet, aber noch warm und flüssig ist, den handwarmen Kuchen rasch damit bestreichen.

Streusel

▶

175 g Mehl, 175 g Butter, 175 g Zucker.

Die Zutaten schnell mit kalten Händen verkneten, bis Sie kleine Klümpchen haben. Diese auf dem entsprechenden Teig verteilen und abbacken. Hefe- oder Rührteig sind gleich gut geeignet. Die angegebenen Mengen reichen für einen Boden von 24 bis 28 cm Durchmesser.

Weitere Cremes, Güsse und Beläge finden Sie bei den einzelnen Rezepten. Für den Anfang, zum Ausprobieren sozusagen, kommen Sie sicher gut mit den bisherigen Angaben aus, zumal Sie ja noch Variationsmöglichkeiten mit den verschiedenen Grundteigarten haben, die wir nun jeweils zu Beginn der folgenden Kapitel kennenlernen werden. Ich würde Ihnen überhaupt empfehlen, zuerst einmal die Rezepte der Grundteigarten auszuprobieren, bis Sie diese sicher beherrschen, und dann erst an die etwas aufwendigeren Rezepte zu gehen. Das gilt natürlich nur, sofern Sie noch nie im Leben gebacken haben und es jetzt mittels dieses Buches lernen wollen. Sie werden sehen, daß die Variationsmöglichkeiten der Beläge, Güsse und Cremes mit den Grundrezepten Ihrer Phantasie viel Spielraum lassen. Und das, finde ich, ist letztlich das Wichtigste. Phantasie – beim Kochen wie beim Backen, sofern man eben gewisse Grundsätze beachtet, sonst geht es schief.

Rührteig

Nun wollen wir uns an eine der weitverbreitetsten Teigsorten begeben, die da heißt Rührteig. Wie der Name schon sagt, muß der Teig gerührt werden, und weise Frauen behaupten, je länger desto besser. Und recht haben sie, zumindest solange Mehl und Backpulver noch nicht beigegeben sind. Das Backpulver könnte bei zu langem Rühren bereits vor dem Backprozeß wirksam werden. Was aber Butter, Zucker und Eier betrifft, da haben die weisen Frauen recht. Rühren, rühren, rühren, am besten mit einem elektrischen Gerät. Man beginnt mit dem Fett, Butter oder Margarine. Der Einfachheit halber finden Sie in den Rezepten immer Butter angegeben, was aber beileibe nichts gegen die Verwendung von Margarine aussagen soll, mit Ausnahme der kalorienarmen Margarinen, deren Wassergehalt zu hoch für Backzwecke ist. Noch eine Kleinigkeit: Dem kritischen Leser wird auffallen, daß unter den folgenden Rezepten einige sind, die nicht direkt unter die klassischen Rührteigrezepte fallen. Da sie aber zumindest zwei der Rührteigkriterien erfüllen, nämlich das Rühren und das Hinzugeben eines Treibmittels, Backpulver, habe ich mir erlaubt, sie unter »Rührteig« einzuordnen.

Grundart der Zubereitung

Die Zubereitung eines Rührkuchens beginnt immer damit, daß man Butter, die geschmeidig, also nicht zu kalt sein sollte, sahnig rührt. Dabei eßlöffelweise den Zucker hinzufügen. Nun kann man, wenn man dem Teig jetzt schon etwas mehr Bindung geben will, 2 bis 3 Eßlöffel der vorgesehenen Mehlmenge zugeben. Danach erst die Eier, eins nach dem anderen. Jedes einzelne Ei sollte geprüft werden und völlig verrührt sein, bevor man das nächste zugibt. Danach folgen die Geschmackszutaten, ein Teil der Flüssigkeit und dann das zusammen mit der vorgeschriebenen Menge Backpulver gesiebte Mehl. Rosinen, Korinthen, Sultaninen, Mandeln, Zitronat und Orangeat zuerst lauwarm waschen, gut trocknen, mit Mehl einreiben und erst zum Schluß kurz unterarbeiten. Ist der Teig cremig, kann er in die vorbereitete Form oder auf das Blech gegeben und im *vorgeheizten* Backofen abgebacken werden. Übrigens kann man im gleichen Backvorgang 1 bis 2 Kuchen gleichzeitig backen, sofern der Teig der gleiche ist und zwischen den Formen genügend Abstand bleibt.

In ihrem Backofen befindet sich ein Rost, der meist auf zweierlei Art eingeschoben werden kann. Entweder mit der Wölbung nach unten oder mit der Wölbung nach oben. Wölbung nach unten bedeutet, daß der Kuchen etwas mehr Unterhitze und dadurch automatisch weniger Oberhitze bekommt, bei Wölbung nach oben ist es umgekehrt. Im allgemeinen empfiehlt es sich, die Kuchen auf den nach unten gewölbten Rost zu stellen und diesen auf die untere Schiene zu schieben, es sei denn, im Rezept ist es anders angegeben. Sollte Ihr Rost nicht gewölbt sein – einige Firmen liefern plane Roste –, schieben Sie diesen Rost ebenfalls auf die untere Schiene. Ich backe selbst auf einem solchen Rost und hatte bisher keinerlei Schwierigkeiten. Daß der Rost bei Blechkuchen, die auf dem Blech selbst in die Schiene geschoben werden, nicht benutzt wird, versteht sich, sei aber trotzdem zur Sicherheit erwähnt.

Nun zu unseren Rührteigrezepten. Die ersten drei davon können Sie auf die verschiedensten Arten abwandeln, indem Sie beispielsweise Zitronat, Orangeat, Rosinen, Nüsse oder Mandeln zugeben oder den fertigen Kuchen jedesmal mit einem anderen Guß überziehen. Verwenden Sie einen Zitronenguß, geben Sie dem Teig etwas weniger Milch, dafür noch den Saft einer Zitrone zu. Keine frischen oder tiefgekühlten Früchte unter den Teig mischen, sonst wird er zu feucht. Kasten- oder Sandkuchen können Sie waagerecht durchschneiden und mit einer Creme füllen oder auch zusätzlich noch mit einem Guß verzieren. Anregungen finden Sie im Kapitel »Cremes, Güsse und Streusel«.

Bild rechts:
Kasten- oder Napfkuchen lassen sich auf die verschiedenste Art und Weise abwandeln (Rezept Seite 16)

Kasten- oder Napfkuchen *(Bild Seite 15)*

250 g Butter, 250 g Zucker, 4 Eier, 1 Prise Salz, Saft und abgeriebene Schale einer halben Zitrone oder Orange, ⅛ l Milch, 1 EL Rum, 375 g Mehl, 125 g Stärkemehl, 1 P. Backpulver.

Den Teig nach Zubereitungsgrundart herstellen und in einer gefetteten Kasten- oder Napfkuchenform abbacken. Mit Schokoladenguß oder abgeriebener Orangenschale überziehen.
Man kann auch vor dem Backen gut abgetropfte Kompottkirschen unter den Teig mischen.
Backzeit: Ca. 60 Minuten.
Temperatur: Ca. 180°.

◀ Marmorkuchen

250 g Butter, 150 g Zucker, 4 Eier, 1 Prise Salz, 1 P. Vanillezucker, 375 g Mehl, 125 g Stärkemehl, 1 P. Backpulver, ⅛ l Milch, 100 g Schokoladenpulver, 3 Tropfen Bittermandelöl, 1-2 EL Milch.

Den Teig nach Zubereitungsgrundart herstellen. Die Hälfte davon in eine gefettete, mit feinem Paniermehl ausgebröselte Napf- oder Kastenkuchenform füllen. Den restlichen Teig mit Schokoladenpulver, Bittermandelöl und Milch verrühren und auf den hellen Teig streichen. Mit einer Gabel beide Teigschichten vermengen, um die Marmorierung zu erzielen.
Man kann auch unter die dunkle Teigmasse 2 bis 3 Kaffeelöffel Pulverkaffee mischen. Nach dem Backen mit Puderzucker bestreuen.
Backzeit: Ca. 60 Minuten.
Temperatur: Ca. 180°.

Prästgardens pepparkaka (schwedischer Gewürzkuchen) *(Bild Seite 9)*

2 Eier, 200 g Zucker, ⅛ l saure Sahne, 100 g Butter, 160 g Mehl, 2 KL Backpulver, 1½ KL gemahlener Ingwer, 1½ KL gemahlene Nelken, 2 KL gemahlener Zimt, 2 KL Kakao.

Eier und Zucker werden schaumig gerührt, dann gibt man die saure Sahne und die zerlassene, abgekühlte Butter dazu. Alles vermengen. Zuletzt rührt man das mit Backpulver, Kakao und Gewürzen gesiebte Mehl unter. Der Teig wird in eine vorbereitete Kasten-, Spring- oder Napfkuchenform gefüllt.
Backzeit: Ca. 45 Minuten.
Temperatur: 200-225°.

Sandkuchen

250 g Butter, 250 g Zucker, 4 Eier, 1 Prise Salz, 1 P. Vanillezucker, 200 g Mehl, 100 g Stärkemehl, 2 EL Rum oder Cognac, ½ KL Backpulver.

Den Teig nach Zubereitungsgrundart herstellen. In eine mit gefettetem Butterbrotpapier ausgelegte Kastenform füllen und abbacken.
Backzeit: 80 Minuten.
Temperatur: Ca. 175°.

Streuselkuchen

300 g Mehl, 300 g Butter, 300 g Zucker, 6 Eier, ½ P. Backpulver; Streusel: 250 g Mehl, 250 g Zucker, 250 g Butter.

Den Teig nach Zubereitungsgrundart herstellen und auf ein vorbereitetes Blech streichen. Aus Mehl, Zucker und Butter Streusel kneten und auf dem Teig verteilen.
Backzeit: Ca. 60 Minuten.
Temperatur: 175°.

Nußschnitten ▶

200 g Zucker, 250 g Sanella, 1 Prise Salz, 1 P. Vanillepulver, 4 Eier, 300 g Walnußkerne, 250 g Mehl, 3 gestrichene KL Backpulver. Guß: 250 g Puderzucker, 2 KL Pulverkaffee, 3 EL Weinbrand, 2-3 EL Wasser.

Sanella schaumig rühren, Zucker, Salz, Vanillezucker und Eier untermischen. Die gemahlenen Nüsse hinzufügen (30 Walnußkerne zur Garnierung zurückbehalten). Nach und nach das mit Backpulver gemischte Mehl unterheben. Auf ein gefettetes Backblech streichen und im vorgeheizten Ofen backen. Nach dem Backen sofort in etwa 30 Quadrate schneiden und mit dem angerührten Zuckerguß (siehe Kapitel »Cremes, Güsse und Streusel«) überziehen. Mit je einer Walnuß garnieren.
Backzeit: 15-20 Minuten.
Temperatur: Ca. 200°.

Königskuchen *(Bild Seite 47)*

250 g Butter, 200 g Zucker, 1 P. Vanillezucker, 4 Eier, 1 Prise Salz, abgeriebene Schale einer Zitrone, 50 g Mandeln, 2 EL Rum, 2-3 Tropfen Bittermandelöl, 200 g Mehl, 75 g Stärkemehl, ½ KL Backpulver, 125 g Korinthen.

Den Teig nach Grundrezept bereiten. Die Korinthen mit etwas Mehl vermengen, damit sie nicht nach unten sinken, und zuletzt unterrühren. Der Teig wird in eine mit Butterbrotpapier ausgelegte Kastenform gefüllt. Nach dem Backen mit Puderzucker bestreuen.
Backzeit: 70-80 Minuten.
Temperatur: 175°.

Aniskuchen

250 g Butter, 250 g Zucker, 250 g Mehl, 1 P. Backpulver, 1 P. Vanillezucker, 5 Eier, 1 KL Anis.

Den Teig nach Zubereitungsgrundart herstellen und in eine gefettete Kastenform füllen.
Backzeit: Ca. 60 Minuten.
Temperatur: 150°.

Schwedische Weihnachtstorte

250 g Pflanzenfett (Kokosfett), 250 g Honig, 6 Eier, 500 g Weizenmehl, 1½ KL Backpulver, 1 KL Salz, 1 P. Pfefferkuchengewürz, 300 g helle Rosinen, 300 g dunkle Rosinen, 200 g kandierte Kirschen, 200 g kandierte Ananasstücke, 200 g grob gehackte Walnüsse, 200 g Mandelsplitter, 200 g getrocknete Feigen, 200 g getrocknete Aprikosen, 100 g Orangeat, 100 g Zitronat.

Das Fett mit dem Honig vermischen. Die Eier nach und nach unterrühren. Mehl mit Backpulver und Gewürzen vermischen, durchsieben und hinzufügen. Zu einem glatten Teig schlagen. Nun alle grob zerkleinerten Früchte unter den Teig heben. Eine Springform mit einer doppelten Lage gefetteter Alufolie auslegen. Den Teig hineinfüllen und backen. Unter die Backform eine mit Wasser gefüllte Fettfangschale schieben. Das verdampfte Wasser hält den Kuchen feucht und läßt ihn besser treiben.
Backzeit: 100–120 Minuten (ca. 2 Stunden).
Temperatur: 200°.

Burgunder-Kuchen

200 g Butter, 200 g Zucker, 4 Eier, 1 P. Vanillezucker, 1 KL Zimt, 250 g Mehl, 1 P. Backpulver, ⅛ l schwerer Burgunder (Rotwein), 100 g Schokoladenstreusel.

Butter, Zucker, Vanillezucker und Eier schaumig rühren. Mit den übrigen Zutaten vermischen, zuletzt die Schokoladenstreusel hinzugeben. Den Teig in eine gefettete Napfkuchenform füllen und im Backofen auf der 2. Schiene von unten backen.
Backzeit: 45–50 Minuten.
Temperatur: 200°.

Feiner Nußkuchen mit Mohn *(Bild Seite 61)*

125 g Zucker, 125 g Butter, 3 Eier, 100 g gemahlene Nüsse, ⅛ l süße Sahne, 2-3 Tropfen Bittermandelöl, 100 g Mehl, 1 P. Backpulver, 100 g gemahlener Mohn; Zuckerguß.

Die Eier mit Zucker und Butter schaumig rühren, dann Sahne und Bittermandelöl sowie die gemahlenen Nüsse und den Mohn dazugeben. Zuletzt das mit dem Backpulver gesiebte Mehl unterrühren. Der Teig wird in eine sehr gut gefettete Kasten- oder Napfform gefüllt und dann langsam gebacken. Mit Zuckerguß (siehe Kapitel »Cremes, Güsse und Streusel«) überziehen.
Backzeit: 80-90 Minuten.
Temperatur: 150°.

Walnußkuchen

200 g Zucker, 5 Eier, 1 KL Backpulver, 200 g gemahlene Walnüsse, 3 EL Rum, 1 Tafel Vollmilch- oder Halbbitterschokolade.

2 ganze Eier und 3 Eigelb mit dem Zucker gut schaumig rühren. Dann mischt man die gemahlenen Walnüsse, die geriebene Schokolade, den Rum und das Backpulver dazu und hebt das zu Schnee geschlagene restliche Eiweiß vorsichtig unter.
Eine Kastenform legt man mit gefettetem Butterbrotpapier aus und gibt die Masse hinein. Nach dem Backen den Kuchen stürzen und das Backpapier abziehen. Mit Schokoladenguß (siehe Kapitel »Cremes, Güsse und Streusel«) bestreichen und mit Schlagsahne servieren.
Backzeit: 45 Minuten.
Temperatur: 180°.

Englischer Teekuchen

250 g Butter, 200 g Zucker, 1 Prise Salz, 4 Eier, 250 g Mehl, abgeriebene Schale einer Zitrone, 2 EL Rum, 250 g Sultaninen, 75 g Zitronat, 75 g Orangeat, 100 g kandierte Kirschen, 50 g Weizenmehl; Zuckerguß oder *Puderzucker*

Den Teig nach Grundrezept bereiten. Sultaninen, Zitronat und Orangeat kleinhacken, mit den kandierten Kirschen und dem Mehl mischen, damit sie nicht nach unten sinken, und zum Teig geben. In eine mit gefettetem Butterbrotpapier ausgelegte Kastenform füllen und backen. Mit Zuckerguß (siehe Kapitel »Cremes, Güsse und Streusel«) überziehen.
Backzeit: 90-100 Minuten.
Temperatur: 170-180°.

Nußtorte *(Bild Seite 9)*

375 g Zucker, 9 Eier, 1 P. Vanillezucker, 500 g gemahlene Haselnüsse, 1 P. Backpulver; Guß: 250 g Puderzucker, 3 EL Rum, 1 EL heißes Wasser.

Den Zucker mit einem ganzen Ei und 8 Eigelb schaumig rühren, Vanillezucker und gemahlene Haselnüsse dazugeben. Zum Schluß das zu steifem Schnee geschlagene restliche Eiweiß und das gesiebte Backpulver unterrühren. In einer gefetteten Springform backen. Nach Erkalten mit Rum-Zuckerguß (siehe Kapitel »Cremes, Güsse und Streusel«) bestreichen. Mit halbierten Nüssen garnieren.
Backzeit: Ca. 60 Minuten.
Temperatur: 180°.

Kirschkranz *(Bild Seite 2, Mitte)*

Zutaten und Zubereitung wie Rezept »Frankfurter Kranz« (S. 62); Für die Füllung: 2 Gläschen Kirschwasser, 1 kleines Glas Kirschgelee oder -marmelade, $\frac{1}{8}$ l Schlagsahne, Zucker, kandierte oder eingekochte Kirschen zum Belegen.

Den ausgekühlten Kranz zweimal quer durchschneiden und mit Kirschwasser beträufeln. Mit Kirschgelee bestreichen und wieder zusammensetzen. Die Sahne steifschlagen und nach Belieben süßen. Den Kranz damit bestreichen und mit Kirschen belegen.

Apfel-Trauben-Torte mit Streuseln ▲

750 g Äpfel, ¼ l Weißwein, 50 g Zucker, Schale und Saft einer halben Zitrone; 250 g blaue Weintrauben; 100 g Sanella, 100 g Zucker, 1 P. Vanillezucker, 2 Eier, 62 g Mehl, 62 g Stärkemehl, ¼ KL Backpulver, 1 EL Weinbrand; 40 g Mandelblättchen; Streusel: 75 g Sanella, 150 g Mehl, 100 g Zucker, 1 P. Vanillezucker, 40 g gehackte Mandeln.

Die Äpfel schälen und in Spalten schneiden. Weißwein, Zucker, Zitronensaft und -schale aufkochen und die Apfelspalten 3 bis 5 Minuten darin ziehen lassen. Abtropfen und abkühlen lassen. Die Trauben abzupfen, halbieren und entkernen. Für den Teig Sanella, Zucker, Vanillezucker und Eier schaumig rühren, Stärkemehl, Mehl und Backpulver mischen und unterheben. Zuletzt den Weinbrand hinzufügen. Eine Springform ausfetten, den Teig einfüllen und mit Mandelblättchen bestreuen. Äpfel und Weintrauben auf dem Tortenboden verteilen. Streusel kneten (siehe »Cremes, Güsse und Streusel«) und über das Obst streuen. Die Torte im vorgeheizten Ofen backen.
Backzeit: Ca. 90 Minuten.
Temperatur: 200°.

Luxemburger Apfelkuchen »Grand-Duc«

12 EL Öl, 120 g Zucker, 1 P. Vanillezucker, 3 Eier, 100 g gehackte Mandeln, 65 g Semmelmehl, 65 g Stärkemehl, 2 KL Backpulver, 2 EL Rum; 750 g Äpfel; Puderzucker.

Alle Zutaten, außer den Äpfeln und dem Puderzucker, zu einem glatten Teig verrühren und in eine nur am Boden gefettete Springform füllen. Auf dem Teig die in Viertel geschnittenen Äpfel anordnen. Den Kuchen hellgelb backen.
Nach dem Erkalten rundherum dick mit Puderzucker bestreuen.
Backzeit: Ca. 60 Minuten.
Temperatur: 180°.

Jakobskuchen (Apfel-Nuß-Kuchen)

250 g Butter, 300 g Zucker, 4 Eier, 1 EL Zimt, 150 g gemahlene Nüsse, 200 g Mehl, 1 P. Backpulver, 4 in dünne Scheiben geschnittene Äpfel (Boskop, Jakobsäpfel).

Butter, Zucker und Eier schaumig rühren, dann Zimt dazugeben. Das mit dem Backpulver gemischte und gesiebte Mehl unterrühren. Die gemahlenen Nüsse und die in dünne Scheiben geschnittenen Äpfel hinzugeben. In eine mit Backpapier ausgelegte und gefettete Form füllen.
Backzeit: Ca. 60 Minuten.
Temperatur: 175°.

Apfelkuchen mit Aprikosen-Rum-Guß

250 g Mehl, 75 g Butter, 100 g Zucker, 2 Eier, ⅛ l Milch, 1 P. Vanillezucker, 1 P. Backpulver, 2–4 Tropfen Zitronenöl; 750 g Äpfel; Guß: 150 g Aprikosenkonfitüre, 4–5 EL Rum; Verzierung: 1 P. Krokant.

Den Teig nach Zubereitungsgrundart bereiten und in eine gefettete Springform füllen. Mit den in Achtel geteilten Äpfeln belegen und backen. Dann die mit dem Rum verrührte Aprikosenkonfitüre auf den Äpfeln verstreichen und nochmals 10 Minuten backen.
Nach dem Erkalten mit Krokant bestreuen.
Backzeit: ohne Guß 40–45 Minuten, mit Guß 10 Minuten.
Temperatur: 190°.

Rhabarberkuchen

200 g Zucker, 200 g Butter, 200 g Quark, 4 Eier, 1 P. Vanillezucker, 250 g Mehl, 150 g Stärkemehl, 1 P. Backpulver; 1000 g Rhabarber; Guß: 250 g Puderzucker, 3 EL Rum, 1 EL heißes Wasser.

Butter, Zucker, Eier, Vanillezucker und den durch ein Sieb gestrichenen Quark schaumig rühren.
Sollte die Masse gerinnen, etwas heißes Öl dazugeben. Mehl und Stärkemehl mit dem Backpulver vermischen, sieben und unterrühren. Ein Backblech mit Alufolie auslegen und gut fetten. Den Teig auf die Folie streichen und ganz dick mit geputztem und in Würfel geschnittenem Rhabarber belegen. Backen und noch warm mit Rum-Zuckerguß (siehe Kapitel »Cremes, Güsse und Streusel«) überziehen.
Backzeit: 30 Minuten.
Temperatur: 180°.

Terrassenkuchen ▶

250 g Butter, 200 g Zucker, 4 Eier, 1 P. Vanillezucker, abgeriebene Schale einer ungespritzten Orange, 100 g Stärkemehl, 150 g Mehl, 3 EL Kakao, 3 KL Backpulver, 1 Prise Salz; Füllung: 200 g zartbittere Schokolade, 3 EL Aprikosenmarmelade; Guß: 250 g Puderzucker, 3-4 EL Orangensaft, kandierte Orangenscheiben, Belegkirschen.

Die Butter mit den Eiern schaumig rühren, nach und nach Zucker und Vanillezucker einrieseln lassen. Die übrigen Teigzutaten mischen und unterheben. Den glattgerührten Teig auf ein gut gefettetes Backblech streichen und im vorgeheizten Ofen abbacken.
Den fertigen Kuchen in vier unterschiedlich breite Rechtecke schneiden. Auf dem Kuchenrost erkalten lassen. Danach den breitesten Streifen auf eine Kuchenplatte legen, die übrigen Rechtecke auf der Unterseite mit Marmelade und der erhitzten Schokolade bestreichen. Terrassenartig aufeinandersetzen.
Puderzuckerguß mit Orangensaft anrühren (siehe Kapitel »Cremes, Güsse und Streusel«) und über den Kuchen verteilen. Mit kandierten Orangenscheiben und Belegkirschen garnieren.
Besonders lecker schmeckt der Terrassenkuchen mit einem Klecks frischer Schlagsahne.
Backzeit: 15–20 Minuten.
Temperatur: 200–225°.

Williams-Christ-Torte

3 Eier, 2 EL warmes Wasser, 125 g Zucker, 1 P. Vanillezucker, 75 g Stärkemehl, 75 g Mehl, 20 g Kakao, 2 gestrichene KL Backpulver; Füllung: 250 g Butter, 1 P. Schokoladenpudding, 4-5 EL Birnenschnaps (Williams-Birnengeist); 1 Dose Williams-Christ-Birnen (ca. 850 g); Verzierung: ¼ Schlagsahne, 2 KL Sahnefestiger, 50 g Schokoladenschnitzchen.

Eigelb und warmes Wasser schaumig schlagen, Zucker und Vanillezucker zugeben und cremig rühren. Mehl, Stärkemehl, Kakao und Backpulver vermischen, sieben und untermischen. Eiweiß zu steifem Schnee schlagen und vorsichtig unterheben. In eine gefettete Springform füllen und backen. Nach dem Erkalten einmal durchschneiden. Butter schaumig rühren. Den Pudding nach Päckchenaufschrift herstellen, abkühlen lassen und mit 4 bis 5 Eßlöffel Birnenschnaps löffelweise unter die Butter rühren. Die Hälfte der Creme auf einen der Tortenböden verteilen, die Birnenhälften darauflegen und etwas eindrücken. Restliche Creme darüberstreichen und mit dem zweiten Tortenboden bedecken.
Den Rand und die Oberseite der Torte mit Schlagsahne bestreichen und einige Schokoladenschnitzchen darüberstreuen.
Backzeit: 30 Minuten.
Temperatur: 175°.

Linzer Torte (Wiener Rezept)

250 g Butter, 250 g Zucker, 250 g gemahlene Mandeln, 2 Eigelb, 250 g Mehl, 1 P. Vanillezucker, ½ P. Backpulver, 1 KL Kakao, ½ KL Zimt, ½ KL Nelken, 2-3 EL Himbeergeist; ¾ Glas Himbeermarmelade (375 g).

Rührteig nach Zubereitungsgrundart herstellen und 1 Stunde kalt stellen. Aus ⅔ des Teiges einen Boden auswellen, in eine gefettete Form oder auf ein Blech legen und mit Himbeermarmelade bestreichen. Den übrigen Teig auswellen, in Streifen schneiden und daraus ein Gitter über den Kuchen legen. Nochmals kühl stellen. Kurz vor dem Backen die Streifen mit Eigelb bestreichen. Den Kuchen einige Tage vor Gebrauch backen, dann schmeckt er noch besser. Kühl stellen.
Backzeit: 50–60 Minuten.
Temperatur: 175°.

Hellabrunner Weintraubenkuchen

150 g Butter, 120 g Zucker, 3 Eigelb, ½ Tasse Milch, 250 g Mehl, ½ P. Backpulver, 150 g kleine Weintrauben, 50 g würfelig geschnittenes Zitronat, 75 g Rosinen, 1 KL Zimt, 3 geschlagene Eiweiß.

Rührteig nach Zubereitungsgrundart herstellen. Die übrigen Zutaten untermischen und den Teig in eine gefettete Springform füllen.
Backzeit: Ca. 40 Minuten.
Temperatur: 180°.

Mandeltorte »Melba«

250 g Mandeln, 5 Eiweiß, 225 g Zucker, 3 EL Stärkemehl, 1½ KL Backpulver; 1 gr. Dose Pfirsiche; Verzierung: ¼ l süße Sahne, 50 g bittere Schokolade.

Die Mandeln mit kochendem Wasser überbrühen, abtropfen lassen und die Mandeln schälen. Fein hacken oder mahlen. Eiweiß zu steifem Schnee schlagen. Zucker und gemahlene Mandeln vorsichtig unterheben. Das Stärkemehl mit dem Backpulver vermischen, sieben und ebenfalls unter die Eiweißmasse heben. Den Mandelteig in eine gefettete Springform füllen und backen. Der Boden darf aber nicht zu fest werden.
Die Pfirsiche gut abtropfen lassen und auf der ausgekühlten Mandeltorte verteilen. Die Sahne steif schlagen und die ganze Torte damit überziehen. Mit geraspelter Schokolade bestreuen.
Backzeit: Ca. 50 Minuten.
Temperatur: 175°.

Pflaumentorte ▶

100 g Sanella, 100 g Zucker, 1 P. Vanillezucker, 1 Prise Salz, 2 Eier, 2 EL Rum, 150 g Mehl, 1 KL Backpulver, 100 g Kokosraspeln, Semmelbrösel; 1 kg Pflaumen; evtl. Puderzucker.

Rührteig nach Zubereitungsgrundart herstellen und in eine gefettete und mit Semmelbröseln ausgestreute Form füllen. Den Teig am Rand etwas hochziehen. Die Pflaumen entkernen und dicht nebeneinander auf den Tortenboden setzen. Im vorgeheizten Ofen backen. Nach Wunsch mit Puderzucker bestreuen.
Backzeit: Ca. 60 Minuten.
Temperatur: 175°.

Bananenkuchen

250 g Butter, 180 g Zucker, 4 Eier, 1 Zitrone, 2 EL Weinbrand, 4 Bananen, 100 g gestiftete Mandeln, 350 g Mehl, 1 gestrichener KL Backpulver, ½ KL gemahlene Nelken; Guß: 200 g Puderzucker, 3 EL Zitronensaft, 1 EL heißes Wasser.

Butter und Zucker schaumig rühren. Nach und nach die Eier, abgeriebene Zitronenschale und Nelken sowie die mit einer Gabel zerdrückten und mit Zitronensaft und Weinbrand beträufelten Bananen zugeben. Mehl mit dem Backpulver vermischen, sieben und unterrühren. Die Mandeln unterheben. Der Teig muß schwer vom Löffel fallen. In einer gut gefetteten Kasten- oder Springform backen.
Nach dem Erkalten den Kuchen mit einem Zitronen-Zuckerguß (siehe Kapitel »Cremes, Güsse und Streusel«) überziehen.
Backzeit: Ca. 50 Minuten.
Temperatur: 180°.

Ananaskuchen à la Marc

150 g Zucker, 150 g Mehl, 75 g Butter, 3 Eier, ½ P. Backpulver; 1 Dose Ananas (ca. 8-10 Scheiben); 1 Wasserglas weißer Rum, ca. 1 Wasserglas Ananassaft; Karamel: 20 Stückchen Zucker, 1 KL Essig, 1 EL Wasser.

Bitte halten Sie sich genau an die Mengenangaben, sie sind für das Gelingen des Kuchens sehr wichtig.
Zucker und Eigelb werden so lange gerührt, bis eine fast weiße Masse daraus geworden ist. Dann gibt man vorsichtig die geschmolzene Butter, das Mehl, das Backpulver sowie das zu Schnee geschlagene Eiweiß dazu. Gut verrühren. In einer Kasserolle erhitzt man nun unter Rühren Essig, Wasser und Würfelzucker. Diesen Karamel gießt man auf den Boden einer mittelgroßen Käsekuchenform. Etwas abkühlen lassen. Dann legt man die gut abgetropften Ananasscheiben darauf. Das gibt unter Umständen ein hübsches Muster. Darauf verteilt man nun den Kuchenteig und schiebt alles in den vorgeheizten Ofen.
Den Kuchen stürzt man noch warm auf eine Platte, so daß jetzt das Ananasmuster nach oben zu liegen kommt. Den Ananassaft, den Sie hoffentlich nicht weggegossen oder getrunken haben, vermischen Sie nun mit dem Rum und gießen ihn über den Kuchen. Der Kuchen soll nicht schwimmen, aber doch gut feucht sein. Erkalten lassen.
Backzeit: 30 Minuten.
Temperatur: 175°.

Orangentorte »Firenze«

125 g Butter, 160 g Zucker, 3 Eier, 50 g Mehl, 70 g Schwarzbrotbrösel, 2 EL Rum, 125 g gemahlene Mandeln, 1 Prise Zimt, 1 Prise Nelken, 1 Prise Salz, 1 P. Backpulver, Saft und abgeriebene Schale einer Orange; 200 g Orangenkonfitüre; Verzierung: ½ l geschlagene Sahne, 2 P. Sahnefestiger, 4 in Schnitze geteilte Orangen.

Butter, Zucker und Eier schaumig rühren. Danach die Brösel, das Mehl, den Rum, die abgeriebene Schale und den Saft der Orange, die geriebenen Mandeln, die Gewürze und das Backpulver hinzufügen und unterrühren. Den Rührteig in eine gefettete Springform füllen und backen, dann abkühlen lassen.
Den Tortenboden aufschneiden, mit Orangenkonfitüre bestreichen und wieder zusammensetzen. Außen mit Schlagsahne bestreichen und mit Orangenschnitzen garnieren.
Backzeit: Ca. 45 Minuten.
Temperatur: 180°.

Orangentorte »Haifa«.

4 Eier, 180 g Zucker, abgeriebene Schale einer Orange, 75 g Mehl, 75 g Stärkemehl, 1 KL Backpulver, 80 g Butter; 40 g Mandelsplitter zum Ausstreuen der Form; Guß: 1 EL Zucker, Saft von 3 Orangen, Saft einer Zitrone, 3 EL Cointreau oder Grand Marnier; Puderzucker.

Eigelb mit Zucker schaumig rühren. Das zu Schnee geschlagene Eiweiß und die abgeriebene Orangenschale darübergeben. Stärkemehl und Backpulver mischen, sieben und auf den Eischnee streuen. Alles mit dem Schneebesen vorsichtig unterheben. Die zerlassene warme Butter dazugeben. Den Boden einer Springform mit Backpapier belegen, fetten und Mandelsplitter einstreuen. Den Teig hineinfüllen und backen.
Kuchen stürzen und Backpapier abziehen. Den Kuchen mehrmals einstechen. Orangen- und Zitronensaft sowie Cointreau mit dem Zucker erwärmen und mit einem Löffel über die heiße Torte verteilen. Nach dem Erkalten die Torte mit Puderzucker bestäuben.
Backzeit: 30–40 Minuten.
Temperatur: 175°.

Mandarinen-Quarktorte

150 g Butter, 50 g Zucker, 2 Eigelb, 1 P. Vanillezucker, 1 Prise Salz, 150 g Mehl, ½ KL Backpulver;
Füllung: 3 KL weiße gemahlene Gelatine, 3 EL Mandarinensaft, 250 g Sahnequark (40% Fett i. Tr.), 100 g Zucker, Saft einer halben Zitrone, 2 Eiweiß, ¼ l Sahne, 1 kl. Dose Mandarinen;
Verzierung: Puderzucker, Mandarinenscheiben.

Rührteig nach Zubereitungsgrundart herstellen. Jeweils die Hälfte des Teiges auf den gefetteten Boden einer Springform geben und mit einem Messer glattstreichen. Im Ofen auf der Mittelschiene abbacken. Beide Böden noch heiß von der Platte lösen.
Für die Füllung Gelatine im Mandarinensaft nach Vorschrift auflösen und abkühlen lassen. Den Sahnequark mit Zucker, Zitronensaft und der gelösten, abgekühlten Gelatine verrühren. Das Eiweiß und die Sahne steif schlagen und zusammen mit den auf einem Sieb abgetropften halbierten Mandarinenstücken locker unter die Quarkcreme ziehen. Den ersten Boden damit bestreichen und den zweiten Boden darübersetzen. Rand glattstreichen. Mit Puderzucker bestäuben und mit Mandarinenscheiben verzieren.
Backzeit: Ca. 25 Minuten (je Boden).
Temperatur: 180°.

Kirsch-Käsekuchen mit Streusel

125 g Butter, 150 g Zucker, 1 Prise Salz, 2 Eier, 500 g Mehl, 1 P. Backpulver, ⅛ l Milch (evtl. weniger);
Belag: 750 g Quark, 1 P. Vanillepudding, 1 P. Vanillezucker, 200 g Zucker, 1 EL Stärkemehl, 2 Eier; 750 g Sauerkirschen;
Streusel: 200 g Mehl, 150 g Zucker, 125 g Butter, 1 P. Vanillezucker.

Butter schaumig rühren. Zucker, Salz und Eier dazugeben und das mit dem Backpulver vermischte und gesiebte Mehl unterrühren. Nach Bedarf Milch zugeben. Der Teig muß cremig werden. Auf ein gefettetes Blech verteilen. Quark durch ein Sieb streichen. Den Pudding nach Päckchenvorschrift zubereiten. Beides mit Stärkemehl, Zucker, Vanillezucker und Eigelb gut verrühren. Zum Schluß das zu Schnee geschlagene Eiweiß unterheben. Die Quarkmischung auf den Teig streichen und mit den entkernten Kirschen belegen.
Für die Streusel Mehl, Zucker, Vanillezucker und Butter vermengen (siehe Kapitel »Cremes, Güsse und Streusel«), auf dem Kuchen verteilen und backen.
Backzeit: 30–40 Minuten.
Temperatur: 220°.

▲
Quarknapfkuchen

250 g Sanella, 250 g Zucker, 4 Eier, abgeriebene Schale und Saft einer Zitrone, 375 g trockener (wichtig!) Magerquark, 500 g Mehl, 1 P. Backpulver, 125 g Rosinen, 75 g gehackte Mandeln, 3 EL Rum, Semmelbrösel.

Sanella schaumig rühren. Nach und nach Zucker und Eier dazugeben, dann Zitronenschale und -saft hinzufügen. Den Quark in einem Tuch auspressen, durch ein Sieb streichen und unter den Teig rühren. Das mit Backpulver gemischte Mehl sieben und nach und nach unterheben. Zuletzt Rosinen, Mandeln und den Rum dazugeben. Den Teig in eine gefettete und mit Semmelbrösel ausgestreute Form füllen und im vorgeheizten Ofen backen.
Backzeit: 60–70 Minuten.
Temperatur: Ca. 200°.

Quarkkuchen

50 g Butter, 100 g Zucker, 1 P. Vanillezucker, 2 Eier, 500 g Quark (10% Fett i. Tr.), 25 g Stärkemehl, 2 EL Weizengrieß, Saft und abgeriebene Schale einer halben Zitrone, 1 KL Backpulver, 75 g Rosinen; Puderzucker.

Butter, Zucker und Vanillezucker schaumig rühren. Nach und nach die Eier, den durch ein Sieb gestrichenen Quark, den Saft und die abgeriebene Schale der Zitrone, das Stärkemehl und den mit dem Backpulver vermischten Grieß dazugeben. Zum Schluß die Rosinen einrühren.
Die Masse in eine gefettete und mit Grieß ausgestreute Springform füllen und backen. Nach dem Erkalten aus der Form lösen und mit Puderzucker dick bestreuen.
Backzeit: 45 Minuten.
Temperatur: 200°.

Quarktorte »Sophie«

250 g Butter, 250 g Zucker, 1 P. Vanillezucker, 6 Eier, 250 g Mehl, 2 KL Backpulver;
Füllung: 500 g Quark, 3 EL Zitronensaft, 50 g Zucker, 1 P. Vanillezucker, ½ l Sahne, 2 P. Sahnefestiger, 12 EL Johannisbeergelee;
Verzierung: ¼ l Schlagsahne, 1 P. Schokoladenstreusel.

Butter und Zucker schaumig rühren, Vanillezucker sowie nach und nach die Eier dazugeben, Mehl mit dem Backpulver mischen, sieben und unterrühren. Den Teig in eine mit Backpapier ausgelegte Springform füllen und backen. Quark, Zitronensaft, Zucker und Vanillezucker verrühren. Sahne mit Sahnefestiger steif schlagen und unter den Quark heben. Den Tortenboden waagerecht in 3 Teile schneiden. Den unteren Boden mit 6 Eßlöffeln Johannisbeergelee bestreichen und die Hälfte der Quarkfüllung darüber verteilen. Den 2. Boden darauflegen und ebenfalls erst mit dem Rest Johannisbeergelee und dann mit der restlichen Quarkfüllung bestreichen. Mit dem 3. Boden bedecken.
Die Torte mit Schlagsahne bestreichen und mit Schokoladenstreuseln bestreuen. Einen Tag im Kühlschrank zugedeckt durchziehen lassen.
Backzeit: Ca. 50 Minuten.
Temperatur: 180°.

Streuselkuchen mit Sauerkirschen *(Bild Seite 13)*

200 g Sanella, 200 g Zucker, 3 Eier, 1 Prise Salz, abgeriebene Schale einer Zitrone, 375 g Mehl, 4 KL Backpulver;
2 Dosen Sauerkirschen ohne Stein;
Streusel: 125 g Sanella, 200 g Mehl, 150 g Zucker, 25 g gehackte Mandeln, abgeriebene Schale einer halben Zitrone, Zimt.

Rührteig nach Zubereitungsgrundart herstellen und auf ein gefettetes Blech streichen. Die Kirschen abtropfen lassen. Streusel kneten (siehe Kapitel »Cremes, Güsse und Streusel«) und abwechselnd mit den Kirschen streifenweise auf dem Teig verteilen. Im vorgeheizten Ofen backen.
Backzeit: Ca. 30 Minuten.
Temperatur: 225°.

Zitronenkuchen

125 g Butter, 250 g Zucker, 4 Eier, ⅛ l Milch (evtl. weniger), 300 g Mehl, ¾ P. Backpulver, abgeriebene Schale von 1½ Zitronen;
Guß: 200 g Puderzucker, Saft von 1½ Zitronen.

Rührteig nach Zubereitungsgrundart herstellen und auf ein gefettetes Kuchenblech streichen. Im vorgeheizten Ofen auf der 2. Schiene von unten backen.
Den noch warmen Kuchen mit Zitronen-Zuckerguß (siehe Kapitel »Cremes, Güsse und Streusel«) bestreichen.
Man kann diesen Kuchen 3 bis 4 Tage in einer Blechdose aufbewahren.
Backzeit: 15–20 Minuten.
Temperatur: 200°.

Butterkuchen

3 Eier, 125 g Zucker, ¼ l Sahne, 200 g Mehl, 1 P. Backpulver;
Belag: 125 g Zucker, 150 g Butter, 4 EL Milch, 200 g Mandelblättchen.

Den Teig nach Zubereitungsgrundart herstellen, auf ein gefettetes Backblech streichen und goldgelb backen. Butter schaumig rühren, Zucker und Milch dazugeben und zuletzt die Mandeln unterheben. Diese Masse auf den Boden streichen und nochmals backen.
Backzeit: 20-30 Minuten (Boden), 10-15 Minuten (Boden + Belag).
Temperatur: 180°.

Erdbeer-Quark-Torte ▶

150 g Sanella, 150 g Zucker, 1 P. Vanillezucker, 1 Prise Salz, abgeriebene Schale einer halben Zitrone, 3 Eier, 150 g Mehl, ½ KL Backpulver; Füllung: 1 P. Tiefkühl-Erdbeeren (300 g), 750 g Quark, 225 g Zucker, 1 P. Vanillezucker, abgeriebene Schale und Saft einer Zitrone, 12 Blatt weiße Gelatine, 2 Blatt rote Gelatine, ⅜ l Schlagsahne, 6 EL Kirschwasser.

Sanella mit Zucker, Vanillezucker, Salz, Zitronenschale und Eiern gut schaumig rühren. Mehl mit Backpulver mischen und nach und nach unterheben. In eine gefettete Springform füllen und abbacken.
Die aufgetauten Erdbeeren pürieren. Quark, Zucker, Vanillezucker sowie Zitronensaft und -schale unterrühren. Die eingeweichte Gelatine im Erdbeer-Abtropfwasser bei schwacher Hitze auflösen. Unter die Quarkmasse ziehen und kalt stellen. Die geschlagene Sahne unter die halb steife Masse heben.
Den erkalteten Tortenboden aus der Form nehmen, einmal durchschneiden und beide Böden mit Kirschwasser beträufeln. Mit der Hälfte der Quarkmasse füllen, den Rest auf Torte und Tortenrand verteilen. Nach Wunsch – zum Beispiel mit frischen Erdbeeren – garnieren.
Backzeit: Ca. 45 Minuten.
Temperatur: Ca. 175°.

Walnuß-Schokoladen-Torte *(Titelbild)*

4 Eigelb, 4 EL warmes Wasser, 100 g Zucker, 1 Päckchen Vanillezukker, 300 g gemahlene Walnüsse, 1 Messerspitze Zimt, 4 Eiweiß, 75 g Mehl, 50 g Stärkemehl, 10 g Kakao, 1 KL Backpulver; ¼ l Schlagsahne; Schokoladenguß, Borkenschokolade, Walnußhälften zum Garnieren. Zucker.

Den Teig nach Zubereitungsgrundart herstellen und auf dem Rost auf der unteren Schiene abbacken.
Den Tortenboden auskühlen lassen und zweimal quer durchschneiden.
Die Sahne steifschlagen und nach Belieben süßen. Zwei der Tortenböden damit bestreichen und die Torte wieder zusammensetzen. Mit Schokoladenguß überziehen und mit Borkenschokolade und Walnußhälften garnieren.
Backzeit: 25–30 Minuten.
Temperatur: 175°.

Kranzkuchen

500 g Mehl, 375 g Zucker, 125 g Butter, 5 Eier, ¼ l saure Sahne, 1 P. Backpulver, abgeriebene Schale einer Zitrone; Guß: 375 g Puderzucker, 3-4 EL Rum oder Arrak; kandierte Kirschen.

Den Teig nach Zubereitungsgrundart herstellen und gleichmäßig in eine gefettete und mit Semmelbröseln ausgestreute Kranzform füllen. Nach dem Backen in der Form erkalten lassen und dann vorsichtig auf ein Drahtgitter stürzen.
Den Puderzucker mit Rum oder Arrak glattrühren und auf den Kranzkuchen verteilen. Mit halbierten kandierten Kirschen verzieren.
Backzeit: Ca. 60 Minuten.
Temperatur: 190°.

Kleinhanse Irm' ihrn Kuche (saarländisch)

200 g Butter, 375 g Zucker, 4 Eier, 2 KL Kaffee-Extrakt, 2 KL Kakao, ½ Fläschchen Zitronenaroma, ½ KL Zimt, 1 Tafel Schokolade (200 g), 200 g gemahlene Haselnüsse, 16 EL Milch, 250 g Mehl, ½ P. Backpulver; Puderzucker.

Butter, Zucker und Eier schaumig rühren. Kaffee-Extrakt, Kakao, Zitronenaroma und Zimt unterrühren. Geriebene Schokolade, die gemahlenen Haselnüsse und die Milch der Reihe nach hinzugeben. Zuletzt das mit dem Backpulver vermischte gesiebte Mehl unterrühren. Den Teig in eine gefettete Springform füllen und im vorgeheizten Backofen langsam backen.
Nach dem Erkalten mit Puderzucker bestäuben. Mit Schlagsahne servieren.
Backzeit: Ca. 80 Minuten.
Temperatur: 150°.

Schokoladentorte »Mayerling«

5 Eier, 250 g Puderzucker, 50 g Kakao, 200 g Mehl, 1 KL Backpulver, ⅛ l Wasser, ⅛ l Öl, 1 Messerspitze Zimt, 1 Messerspitze Nelken; Füllung: ¾ l süße Sahne, 3 P. Sahnefestiger, 150 g Johannisbeergelee; Guß: 150 g Puderzucker, 100 g Schokolade, 1½ EL Butter, 2 EL Milch.

Eigelb mit Puderzucker schaumig rühren. Kakao hinzufügen. Dann das gesiebte Mehl mit dem Backpulver abwechselnd mit Öl und Wasser unterrühren, Zimt und Nelken hinzugeben. Zuletzt den sehr steif geschlagenen Eischnee vorsichtig unterheben. In eine nur am Boden gefettete Springform füllen und im vorgeheizten Ofen backen. Nach dem Erkalten den Kuchen zweimal durchschneiden.
Sahne mit dem Sahnefestiger steif schlagen. Den einen Boden dick mit Johannisbeergelee und der Hälfte der Sahne bestreichen. Den anderen Boden darauflegen und leicht andrücken. Die restliche Sahne aufstreichen. Der letzte Boden wird mit einem Schokoladenguß überzogen. Dafür die Schokolade in der Milch schmelzen lassen, Butter hinzufügen und dann den gesiebten Puderzucker. Solange rühren, bis eine glatte Masse entsteht. Etwas abkühlen lassen, dann den Boden damit bestreichen. Auf die Torte legen und leicht andrücken. Den Rand der Torte mit Sahne bestreichen.
Backzeit: Ca. 40 Minuten.
Temperatur: 175°.

Schwarze Torte

250 g Butter, 250 g Zucker, 6 Eier, 250 g geriebene, bittere Schokolade, 250 g Mehl, 2 gestrichene KL Backpulver, 125 g geriebene ungeschälte Mandeln; ¼ l Weinbrand, 150-200 g Aprikosenmarmelade.

Butter und Zucker schaumig rühren, dazu die 6 Eigelb und die geriebene Schokolade geben. Ist die Masse gut verrührt, das mit dem Backpulver vermischte und gesiebte Mehl hinzufügen. Zuletzt den Eischnee und die geriebenen Mandeln ganz leicht unterheben. In einer gefetteten Springform backen.
Man läßt den Tortenboden auskühlen, dreht ihn um und bestreicht ihn mit einem Pinsel immer wieder mit Weinbrand, bis aller Weinbrand aufgebraucht ist. Mit der Marmelade bestreichen. Zuletzt überzieht man die Torte mit einem Schokoladenguß (siehe Kapitel »Cremes, Güsse und Streusel«).
Backzeit: 60 (50) Minuten.
Temperatur: 180° (200°).

Windhuk-Torte

250 g Butter, 250 g Zucker, 1 P. Vanillezucker, 1 Prise Salz, 6 Eigelb, 150 g Mehl, 100 g Stärkemehl, 2 gestrichene KL Backpulver, 6 Eiweiß; 40 g Kakao, 3 EL Milch; Grand Marnier oder Cointreau; Creme: 1 l Sahne, 4 EL Zucker, 2 P. Vanillezucker, 125 g abgezogene und gehackte Mandeln, 6 gestrichene EL Stärkemehl.

Butter schaumig rühren, Zucker, Vanillezucker und Salz zugeben und kurz mischen. Ein Eigelb nach dem anderen einrühren und so lange rühren, bis der Teig cremig ist. Mehl, Stärkemehl und Backpulver mischen, sieben und unterrühren. Eiweiß steif schlagen und vorsichtig unter den Teig heben. Eine Hälfte des Teiges mit Kakao und Milch verrühren. Den hellen und den dunklen Teig jeweils auf ein gefettetes kleines Backblech streichen und im vorgeheizten Ofen backen. Sofort vom Blech lösen und abkühlen lassen. Die abgekühlten Böden mit Grand Marnier beträufeln und zweimal durchschneiden. In der Zwischenzeit Sahne, Zucker, Vanillezucker und Mandeln zum Kochen bringen. Mit angerührtem Stärkemehl binden und kalt stellen. Die Böden bis auf den letzten mit Creme bestreichen und jeweils einen dunklen auf einen hellen setzen. Torte einen Tag durchziehen lassen. Mit Puderzucker bestäuben oder mit Zuckerguß überziehen und mit flüssiger Schokolade garnieren.
Backzeit: 40–50 Minuten (je Boden).
Temperatur: 200°.

▶

ANNO 1655
UND DE
GOLDMEDA
LANGEN
ORIGINAL
r-Ausbruch
ller-Thurgau
URBELASSEN
u. ELSA GABRIEL, 7071 RUST
TRASSE 11, BURGENLAND

◀ Norwegischer Mandelbutterkuchen

250 g Butter oder Margarine, 200 g Zucker, 1 P. Vanillezucker, 6 Eier, 1 Prise Salz, 6 Tropfen Zitronenbacköl, 375 g Mehl, 2 KL Backpulver, 2–3 EL Milch;
Belag: 30 g Butter, Streusel, 80 g Mandelblättchen.

Fett schaumig rühren, Zucker und Vanillezucker nach und nach hinzufügen. Ein Ei nach dem anderen dazugeben und so lange weiterrühren, bis der Zucker sich aufgelöst hat. Salz und Zitronenbacköl hinzufügen. Mehl mit dem Backpulver gesiebt unterrühren. Danach die Milch zugeben. Den Teig in eine gefettete Springform streichen. Butterflöckchen, Mandeln und Streusel (siehe Kapitel »Cremes, Güsse und Streusel«) darauf verteilen. Im vorgeheizten Backofen backen.
Backzeit: Ca. 20 Minuten.
Temperatur: 200°.

Cognac-Kuchen

6 Eier, 300 g Butter, 300 g Zucker, 2 P. Vanillezucker, 100 g geriebene Schokolade, 150 g gemahlene Haselnüsse, 50 g Kakao, 150 g Mehl, 3 KL Backpulver, $\frac{1}{10}$ l Cognac.

Eigelb, Zucker, Butter und Vanillezucker schaumig rühren. Die anderen Zutaten dazugeben. Zuletzt das zu Schnee geschlagene Eiweiß unterheben. Den Teig in eine gefettete Napfkuchenform füllen und backen.
Backzeit: 60 Minuten.
Temperatur: 190°.

Amaliens Kirschkuchen

200 g Butter, 150 g Zucker, 4 Eier, 100 g geriebene halbbittere Schokolade, 125 g geriebene Nüsse, 1 KL Zimt, 125 g Mehl, 2 gestrichene KL Backpulver, 3 EL Rum oder Cognac; 1–1½ l entsteinte Sauerkirschen.

Den Teig nach Zubereitungsgrundart herstellen. Etwas mehr als die Hälfte davon in eine gefettete Springform füllen und die abgetropften Sauerkirschen darauf verteilen. Mit dem restlichen Teig zudecken und im vorgeheizten Backofen backen.
Backzeit: 50–60 Minuten.
Temperatur: 150°.

Hefeteig

Bei dem Gedanken, einen Hefeteig zubereiten zu müssen, bekommen viele Hausfrauen und -männer das große Zittern. Und ich darf Ihnen gestehen, mir ging es früher genauso. Irgendwie wollte mir der Hefekuchen nicht gelingen, obwohl ich mir gar nicht denken konnte, wo der Fehler lag. Schließlich kam ich darauf, daß nur meine Neugier und meine Ungeduld schuld gewesen waren. Ich hatte dem Teig nicht die nötige Ruhe gelassen, die er zum »Gehen« braucht.
Im Gegensatz zum Rührteig haben Sie es beim Hefeteig nämlich quasi mit einem lebenden, ziemlich anspruchsvollen Wesen zu tun. Hefezellen sind lebendige kleine Pilze, sie teilen sich, vermehren sich, geraten in Gärung und sondern dabei Kohlensäure ab, die dem Kuchen die notwendige Lockerheit gibt. Beim Rührteig übernimmt diese Aufgabe das Backpulver. Nun haben es die Hefepilzchen gar nicht gern, wenn man sie bei ihrer Vermehrung stört. Sie verlangen auch ganz bestimmte Bedingungen, zum Beispiel ein gewisses Maß an Wärme. Allerdings nicht zu viel und nicht zu wenig. Bei ca. 40° Celsius fühlen sie sich am wohlsten. Praktisch bedeutet das, daß alle Zutaten diese Temperatur haben sollten: Mehl, Zucker, Eier – nie direkt aus dem Kühlschrank –, Butter, Milch oder Wasser, je nach Rezept. Es langt im allgemeinen die in der Küche herrschende Raumtemperatur zur Verarbeitung, »gehen« muß der Teig aber bei mindestes 40°. Dabei vermehren sich nämlich die Hefezellen. Ideal ist zum Beispiel, den Backofen auf 50° vorzuheizen, ihn dann auszuschalten und den Teig zum Gehen hineinzustellen. Dort ist er auch vor Zugluft sicher, die ihm ebenfalls nicht bekommt. Deswegen sollte man auch die Schüssel mit dem Teig, sofern man sie nicht in den Backofen stellen kann, auf jeden Fall mit einem Tuch bedecken und nicht, wie ich früher, vor Ende der Gehzeit nachschauen.

Ob Sie nun frische oder Trockenhefe verwenden, bleibt sich fast gleich. Bei Trockenhefe achten Sie bitte auf das Verfallsdatum, das den Packungen aufgedruckt ist. Ist dieses überschritten, besteht keine Gewähr, daß die Hefe noch treibfähig ist. Bei frischer Hefe sollten sie darauf achten, daß sie hell aussieht und einen angenehmen, weinähnlichen Geruch hat. Schmierige oder bräunlich aussehende Hefe, auch wenn nur die Ränder betroffen sind, ist zum Backen ungeeignet. Handelsüblich bekommt man Hefe in 40-g-Packungen. Meist werden geringere Mengen benötigt, die man aber bedenkenlos um 10 bis 20 g erhöhen kann, wenn man den typischen Hefegeschmack liebt und sichergehen will, daß der Kuchen schön locker wird.
Es gibt zwei Arten der Hefeteigzubereitung, die wir gleich behandeln werden. Das heißt, eigentlich sind es drei, nämlich wenn wir einen Teig mit Trockenhefe herstellen wollen. Dann folgen Sie bitte den Angaben auf dem Tütchen, in dem Sie die Trockenhefe kaufen. Es gibt verschiedene Fabrikate und damit auch verschiedene Anleitungen.

Grundarten der Zubereitung

Mit Hefevorteig

Zum Ansetzen des Vorteigs wird das Mehl in eine Schüssel gesiebt und in die Mitte eine kleine Vertiefung gedrückt. Die frische Hefe hineinbröseln und einen Kaffeelöffel Zucker darüberstreuen. Unter Zusatz eines Teils der warmen Flüssigkeit und etwas Mehl vom Rand einen dicklichen Brei rühren. Nur einen kleinen Teil des Mehls dafür verwenden! Auf den Mehlrand streuen wir nun Zucker, Gewürze und Fettflöckchen, die jedoch keinesfalls mit dem Vorteig in Berührung kommen dürfen. Die Schüssel nun am besten in den auf 40 bis 50° vorgeheizten und abgeschalteten Backofen stellen. Die restliche Flüssigkeit und, falls im Rezept vorgesehen, die verrührten Eier dazustellen. Am besten klemmen Sie nun zwischen Backofentür und Backofen einen Holzlöffel, damit die nötige Sauerstoffzufuhr garantiert ist, und lassen den Vorteig mindestens 20 Minuten in Ruhe. Auf keinen Fall die Backofentür öffnen! Nach 20 Minuten müßte der Vorteig so gegangen sein, daß er etwa auf das Doppelte angewachsen ist. Die Fettflöckchen haben Sie ja so an den Rand gelegt, daß sie auch jetzt, wo sie geschmolzen sind, bestimmt nicht mit dem Hefestück in der Mitte zusammengekommen sind. Dann ist es gut. Das Hefestück muß porig aussehen. Nun kann das ganze weiterverarbeitet werden. Am

besten natürlich mit einer Küchenmaschine oder einem elektrischen Handquirl, und zwar mit den Wendeln desselben. Wenn Sie so etwas nicht besitzen, müssen Sie nun Handarbeit leisten. Dies geschieht mit Hilfe des Teiglöffels und viel Geduld in der Schüssel, bis der Teig Blasen wirft und sich glatt von der Schüssel löst.
Nun gibt es noch Rezepte, die einen etwas festeren Hefeteig vorsehen. Den kann man entweder mit den bereits genannten Hilfsmitteln kneten (man achte bei Anschaffung auf eine genügend hohe Leistung des Küchengeräts), oder man gibt ihn auf ein bemehltes Backbrett und schlägt ihn darauf, bis er glänzend und geschmeidig wird. Zwischendurch das Neubemehlen des Backbretts nicht vergessen, der Teig darf nicht daran kleben bleiben. Auch in diesem Fall muß er Blasen werfen.
Ganz zum Schluß gibt man erst Rosinen etc. unter den Teig. Sie würden durch die Verarbeitung zerdrückt werden und dem Teig eine leicht schmutzige Farbe geben. Den fertigen Teig läßt man nochmals 20 Minuten gehen.

Kalte Zubereitung

Ja, Sie haben richtig gelesen: kalte Zubereitung. Das gibt es auch. Vergessen Sie alles, was ich über die nötige Wärmezufuhr gesagt habe, und denken Sie um. Merkwürdigerweise funktioniert diese Art der Hefeteigbereitung ganz ausgezeichnet. Warum, weiß ich nicht; ich habe auch niemanden gefunden, der es mir erklären konnte. Diese Art der Hefeteigbereitung war früher sehr verbreitet und ist es heute noch in ländlichen Gegenden. Die andere Methode ist einfacher, aber der Vollständigkeit halber möchte ich diese hier doch beschreiben. Vielleicht versuchen Sie es mal!
Man siebt ¾ der Mehlmenge in eine Schüssel. Die Hefe wird fein zerbröckelt und mit der Hälfte der angegebenen Flüssigkeit glattgerührt. Den Hefebrei mit dem Mehl, der restlichen Flüssigkeit, dem – falls erforderlich – verrührten Ei und schließlich mit dem zerlaufenen aber beileibe nicht heißen Fett vermengen. Der Teig muß nun kräftig durchgeknetet werden. Dann zu einer Kugel formen. Zucker, das restliche Mehl und alle Gewürze bleiben noch zurück. Einen hohen Topf oder einen 10-l-Eimer bis fast obenhin mit *kaltem* Wasser füllen und den Teigkloß hineinlegen. Reichlich kaltes Wasser ist besonders wichtig, der Teig geht dann um so besser auf.
Wenn Sie jetzt Zeit haben, können Sie einmal beobachten, wie sich der Hefekloß langsam vom Boden löst, umdreht und an die Oberfläche steigt. Das dauert 20 bis 40 Minuten. Wenn er oben schwimmt, muß er herausgenommen und gut abgetropft oder vorsichtig mit einem Küchenhandtuch abgetrocknet werden. Nun wird der Teig mit Zucker, Gewürzen und dem restlichen Mehl verarbeitet und auf dem Backbrett trockengeschlagen. Danach muß er nochmals 20 Minuten gehen.

Grundrezepte

Grundteig 1 (Blechkuchen)

375 g Mehl, 25 g Hefe, ⅛ l Milch, evtl. 1 Ei, 75 g Zucker, 1 Prise Salz, 1 P. Vanillezucker, 75 g Butter.

Teig nach Zubereitungsgrundart 1 oder 2 herstellen. Wollen Sie kein Ei verwenden, müssen Sie etwas mehr Flüssigkeit zugeben. Den fertigen Teig mit bemehlten Händen auf das gefettete Blech drücken. Einen beliebigen Belag darauf verteilen (z.B. Streusel) und den Kuchen noch einmal 20 bis 25 Minuten im auf 50° erhitzten Backofen gehen lassen. Dann auf Backtemperatur schalten und auf der mittleren Schiene backen.
Backzeit: 20–25 Minuten.
Temperatur: Ca. 210°.

Grundteig 2 (Kuchen in der Form)

200 g Mehl, 10 g Hefe, 6 EL Milch, 50 g Zucker, evtl. 1 Eigelb, 1 Prise Salz, 50 g Butter, Gewürze.

Teig nach Zubereitungsgrundart 1 oder 2 bereiten. Wollen Sie kein Ei verwenden, müssen Sie etwas mehr Milch zugeben. Den Teig in eine gefettete Springform füllen und einen beliebigen Belag darauf verteilen (z.B. Streusel). Noch einmal 20 bis 25 Minuten im auf 50° erhitzten Backofen gehen lassen. Dann auf Backtemperatur schalten und auf der mittleren Schiene backen.
Backzeit: 15–30 Minuten (je nach Belag).
Temperatur: 225°.

Grundteig 3 (Kranzkuchen)

375 g Mehl, 25 g Hefe, 6 EL Milch, 1 Prise Salz, 60 g Zucker, 1 Ei, 75-100 g Butter.

Teig nach Zubereitungsgrundart 1 bereiten und vor dem Formen gehen lassen. Dazu den fertigen Teig in der Schüssel 20 bis 30

Minuten in den Backofen stellen, bis der Teig sichtbar aufgegangen ist. Zu einem länglichen Viereck ausrollen (ca. ½ cm dick) und mit der entsprechenden Füllung belegen. Den gefüllten Teig von beiden Seiten her vorsichtig bis zur Mitte aufrollen, an den beiden Enden fassen und in entgegengesetzter Richtung drehen. Zu einem Kranz zusammenlegen. Man kann den Teig auch zu 3 Rollen formen und diese wie einen Zopf flechten. Nach einer kurzen Ruhezeit bepinselt man den Kuchen mit flüssiger Butter und setzt ihn auf das gefettete Blech. In den vorgeheizten Backofen auf die mittlere Schiene schieben. Das ist wichtig, denn im kalten Ofen würde der Kuchen die Form verlieren.

Backzeit: 15–30 Minuten.
Temperatur: Ca. 210°.

Obstkuchen

Grundteig 1 oder 2 bereiten, je nachdem, ob Sie den Kuchen auf dem Blech oder in der Form backen wollen. Sie können fast jedes beliebige Obst zum Belegen verwenden, sollten aber darauf achten, daß es möglichst die gleiche Temperatur wie der Hefeteig hat. Nach dem Belegen gehen lassen und dann backen. Mit Zucker bestreuen, und fertig ist ein einfacher Obstkuchen.

Natürlich wird man dieses, sagen wir einmal »Einfachrezept«, dem eigenen Geschmack anpassen, wenn man erst einmal etwas Erfahrung hat. Zum Beispiel zuerst auf den Teig geriebene Haselnüsse oder Semmelbrösel streuen, zum Beispiel bei Sauerkirschen, die viel Saft ziehen. Die geriebenen Haselnüsse binden den Saft ein wenig. Das gleiche empfiehlt sich auch bei Zwetschgenkuchen, sonst gibt es unter Umständen, um wieder einmal etwas aus der Familie zu zitieren, den sogenannten »Schöpfkuchen«, den meine Tante Amanda in hervorragender Weise herzustellen wußte. Er war immer so saftig, daß man ihn nicht schnitt, sondern mit der Schöpfkelle auf den Teller goß. Das kann Ihnen auch passieren, wenn Sie das Obst bereits vor dem Backen zuckern. Tun Sie es erst kurz vor dem Servieren, denn auch das bereits gebackene Obst zieht noch Saft!

Wie Sie einen Obstkuchen belegen, ob von innen nach außen oder anders, welches Muster Sie bevorzugen, ob Sie Zwetschgen in Viertel oder Achtel schneiden, Äpfel nur halbieren oder aber in winzige Schnitze teilen, bleibt ganz Ihrem persönlichen Geschmack überlassen. Es sei denn, in einem Rezept ist eine bestimmte Form vorgeschrieben, dann empfiehlt es sich, sich daran zu halten.

Obstkuchen aus Hefeteig: Gefüllter Hefekranz (Rezept S. 36)

Nun aber zu den eigentlichen Rezepten. Es sind deren nicht so viele wie beim Rührteig. Das liegt aber nicht etwa daran, daß ich keine Lust hatte, möglichst viele für Sie herauszusuchen, im Gegenteil, sondern ganz einfach an der Tatsache, daß der Hefeteig als solcher nicht so viele Variationsmöglichkeiten bietet wie der Rührteig. Und es ist für Sie ja auch nicht von Vorteil, wenn ich Ihnen 5 verschiedene Rezepte vorschlage, die sich wie ein Ei dem anderen gleichen, nur daß einmal 1 kg Äpfel vorgeschrieben ist, ein andermal 1 kg Pflaumen. Soviel Backfantasie haben Sie sicherlich inzwischen entwickelt, um sich alle möglichen Varianten auszudenken.
Nur eines dürfen Sie nie vergessen, das ist das allerwichtigste: Der Hefeteig muß immer *zweimal* ziehen. Einmal als Vorteig und dann noch einmal vor dem Backen! Gebacken wird, wenn im Rezept nicht anders angegeben, auf der *mittleren* Schiene.

Streuselkuchen

375 g Mehl, 25 g Hefe, ⅛ l Milch, 1 Ei, 75 g Zucker, 1 Prise Salz, 1 P. Vanillezucker, 75 g Butter;
zum Bestreichen: 150 g Butter;
Streusel: 375 g Butter, 375 g Mehl, 375 g Zucker.

Teig nach Grundrezept 1 herstellen, auf dem gefetteten Blech gleichmäßig verteilen und mit Butter bestreichen. Streusel (siehe Kapitel »Cremes, Güsse und Streusel«) bereiten, über den Teig verteilen und backen.
Backzeit: 20–25 Minuten.
Temperatur: 220°.

◀ Schlesischer Mohnkuchen

375 g Mehl, 25 g Hefe, ⅛ l Milch, 1 Ei, 75 g Zucker, 1 Prise Salz, 1 P. Vanillezucker, 75 g Butter;
Belag: 1½ l Milch, 250 g Zucker, 500 g gemahlener Mohn, 150 g Sultaninen, abgeriebene Schale einer Zitrone, 4 Eier.

Teig nach Grundrezept 1 oder 2 herstellen und die Fettpfanne damit auslegen. Die Milch mit dem Zucker aufkochen lassen, den Mohn dazugeben und so lange auf kleinster Flamme unter ständigem Rühren kochen, bis die Masse dicklich wird. Die Sultaninen dazugeben. Abkühlen lassen auf etwa 40°, dann das Eigelb unterrühren, das steif geschlagene Eiweiß vorsichtig unterheben. Die Masse auf den Teig streichen und backen. Nach dem Erkalten mit dickem

Puderzuckerguß (siehe Kapitel »Cremes, Güsse und Streusel«) überziehen. Man kann auch vom Teig einen Teil übrig behalten, ausrollen und als Gitter über die Mohnmasse verteilen. Mit Eigelb bepinseln und backen. Mit Mandelblättchen bestreuen.
Backzeit: 45–50 Minuten.
Temperatur: 210°.

Gugelhupf (elsässisch: Cougelhof) ▶

260 g Mehl, 10 EL Milch (evtl. etwas mehr), 20 g Hefe, 2 Eier, 80 g Butter, 25 g Zucker, ½ KL Salz, 150 g Rosinen, 75 g gehackte Mandeln.

Teig nach Grundrezept 1 herstellen und in eine gut gefettete Gugelhupfform füllen. Die Form darf höchstens halb voll werden, denn der Gugelhupf muß auf das Doppelte aufgehen. Im vorgeheizten Ofen auf dem Rost auf der mittleren Schiene abbacken.
Backzeit: 30–40 Minuten.
Temperatur: 200°.

Butterkuchen

375 g Mehl, 25 g Hefe, ⅛ l Milch, 1 Ei, 75 g Zucker, 1 Prise Salz, 1 P. Vanillezucker, 75 g Butter;
Belag: 150 g Butter, 4 EL Zucker, 1 P. Vanillezucker.

Teig nach Grundrezept 1 herstellen und auf dem gefetteten Blech gleichmäßig verteilen. In kleinen Abständen Vertiefungen eindrücken und Butterflöckchen hineinsetzen. Den mit Vanillezucker vermengten Zucker darüberstreuen und backen.
Backzeit: 15–20 Minuten.
Temperatur: 210°.

Blieskasteler Hefekuchen

80 g Hefe, ¼ l Milch, 2 EL Mehl, 1 Prise Zucker, 750 g Mehl, 175 g Zucker, 2 Eier, 3 Eigelb, 1 Prise Salz, 250 g Butter, 4 Tropfen Bittermandelöl, 150 g Sultaninen, 150 g Korinthen;
Belag: 100 g Butter, 100 g Zucker, 1½ KL Zimt.

Teig nach Grundrezept 1 oder 2 bereiten, dann blasig schlagen. Zuletzt die Gewürze und die gewaschenen Sultaninen und Korinthen hinzufügen, die mit etwas Mehl vermischt wurden. Den Teig in die gefettete Fettpfanne drücken und mit Butterflöckchen belegen. Eine Mischung aus Zucker und Zimt darüberstreuen und backen.
Backzeit: 20–25 Minuten.
Temperatur: 220°.

Schmandkuchen

500 g Mehl, 30 g Hefe, ⅛ l Milch, 1 Ei, 100 g Zucker, 150 g Butter, 1 Prise Salz;
Belag: ½ l saure Sahne, 4 EL Zucker, 1½ EL Zimt.

Teig nach Grundrezept 1 oder 2 herstellen und gehen lassen. Auf ein gefettetes Kuchenblech verteilen, mit der Sahne bestreichen und mit Zucker und Zimt bestreuen. Im vorgeheizten Ofen backen. Dieser Kuchen schmeckt am besten, wenn er noch etwas warm ist.
Backzeit: 15–20 Minuten.
Temperatur: 180–200°.

Aniskranz

750 g Mehl, 40 g Hefe, 4 Eier, 125 g Zucker, 175 g Butter, abgeriebene Schale einer Zitrone, 2-3 KL Anis, 12 EL Milch; 1 Eigelb, 50 g Butter, 75 g Mandelstifte, 1-2 EL Hagelzucker.

Einen festen Teig nach Grundrezept 1 herstellen, Zitronenschale und Anis untermischen. Einen Kranz formen (siehe Grundrezept 3), auf ein gefettetes Kuchenblech legen, mit Butter und Eigelb bestreichen und mit dem Hagelzucker und den Mandelstiften bestreuen. Im vorgeheizten Ofen backen.
Backzeit: 15-20 Minuten.
Temperatur: 220°.

Gefüllter Hefekranz *(Rezept Seite 33)*

375 g Mehl, 25 g Hefe, 6 EL Milch, 1 Prise Salz, 60 g Zucker, 1 Ei, 75-100 g Butter; 75 g Butter zum Bestreichen; Füllung: 75 g Zucker, ½ KL Zimt, 125 g Sultaninen, 125 g Korinthen, 150 g Mandeln, 50 g Zitronat; 1 Ei zum Bestreichen.

Teig nach Grundrezept 1 bereiten, ausrollen und mit der erweichten Butter bestreichen. Die Zutaten für die Füllung mischen und auf den Teig verteilen. Aufwickeln und zu einem Kranz formen (siehe Grundrezept 3). Dünn mit verquirltem Ei bestreichen oder nach dem Backen den erkalteten Kranz mit Puderzuckerguß überziehen (siehe Kapitel »Cremes, Güsse und Streusel«).
Backzeit: 25 Minuten.
Temperatur: 200°.

Zwetschgenkuchen mit Guß

375 g Mehl, 25 g Hefe, ⅛ l Milch, 1 Ei, 75 g Zucker, 1 Prise Salz, 1 P. Vanillezucker, 75 g Butter; 1500 g Zwetschgen; Guß: ⅛ l saure Sahne, 1 Prise Zucker, 1 Ei, 1 EL Zucker.

Teig nach Grundrezept 1 oder 2 bereiten und auf einem gefetteten Blech ausrollen. Bei 50° im Backofen etwa 10 Minuten aufgehen lassen. Dann die entkernten Zwetschgen auf dem Teig hübsch anordnen. Die saure Sahne mit Zucker und Eigelb verrühren, das Eiweiß mit 1 Eßlöffel Zucker zu steifem Schnee schlagen und unter die saure Sahne ziehen. Diese Mischung über die Zwetschgen gießen. Den Kuchen im vorgeheizten Ofen backen.
Backzeit: 20-30 Minuten.
Temperatur: 210°.

Nußkranz

375 g Mehl, 25 g Hefe, 6 EL Milch, 1 Prise Salz, 60 g Zucker, 1 Ei, 100 g Butter; Füllung: 250 g geriebene Haselnüsse, 125 g Zucker, 3 Tropfen Bittermandelöl, 1 P. Vanillezucker, 1 Eiweiß, 6 EL Milch; Butter zum Bestreichen; Puderzucker.

Teig nach einem der Grundrezepte herstellen und ausrollen. Die Haselnüsse mit den übrigen Zutaten und der Milch vermischen und auf dem Teig verstreichen. Aufrollen und einen Kranz formen. Nach dem Backen mit Butter bepinseln und mit Puderzucker bestäuben.
Backzeit: 25-30 Minuten.
Temperatur: 190°.

Fränkischer Käsekuchen

375 g Mehl, 25 g Hefe, ⅛ l Milch, 75 g Zucker, 75 g Butter, 1 Prise Salz, 1 P. Vanillezucker; Belag: 1000 g Tortenquark; 4 Eier, 150 g Zucker, 1 P. Vanillezucker; 1500 g Äpfel (Boskop).

Hefeteig nach einem der Grundrezepte herstellen, in die Fettpfanne drücken und gehen lassen. Den trockenen und durchgestrichenen Quark darüber verteilen. Die Eier mit dem Zucker und dem Vanillezucker verquirlen und über den Quark gießen. Die Apfelscheiben gleichmäßig darauflegen und backen.
Backzeit: 50 Minuten.
Temperatur: 220°.

Einfacher Käsekuchen

375 g Mehl, 25 g Hefe, ⅛ l Milch, 1 Ei, 75 g Zucker, 1 Prise Salz, 1 P. Vanillezucker, 75 g Butter; Belag: 6 Eier, 500 g Zucker, 1 P. Vanillezucker, 20 g Stärkemehl, ⅛ l Sahne, Saft einer halben Zitrone, 2000 g Tortenquark; 1 bis 2 Eier zum Bestreichen.

Teig nach Grundrezept 1 bereiten und gehen lassen. Eigelb und Zucker schaumig rühren. Die anderen Zutaten hinzugeben, zuletzt den durch ein Sieb gestrichenen Quark und den steifen Eischnee. Gleichmäßig auf den in die Fettpfanne gedrückten Teig streichen. Dünn mit verquirltem Ei bepinseln und backen.
Backzeit: 45 Minuten.
Temperatur: 200°.

Bienenstich

▶

375 g Mehl, 25 g Hefe, 1/8 l Milch, 1 Ei, 75 g Zucker, 1 Prise Salz, 1 P. Vanillezucker, 75 g Butter, 100 g Sultaninen; Belag: 150 g Butter, 200 g Zucker, 1 P. Vanillezucker, 200 g gehackte Mandeln, 2-4 EL Milch.

Teig nach einem der Grundrezepte herstellen, in die Fettpfanne geben und gehen lassen. Butter mit Zucker, Vanillezucker und Mandeln aufkochen, die Milch dazugeben und abkühlen lassen. Die Masse *lauwarm* über den aufgegangenen Teig verteilen, vorsichtig verstreichen und backen. Mit Zucker bestreuen.
Backzeit: 20 Minuten.
Temperatur: 210°.

Frühstückszopf

400 g Mehl, 30 g Hefe, 8 EL warme Milch, 75 g Butter, 4 EL saure Sahne, 1 Ei, 60 g Zucker, 1/2 KL Salz, 1 Prise Muskat, abgeriebene Schale einer halben Zitrone; 1 Eigelb zum Bestreichen; 2 EL Hagelzucker.

Alle Zutaten, außer dem Eigelb und dem Hagelzucker, nach einem der Grundrezepte verarbeiten. 20 Minuten bei 50° im Backofen gehen lassen. Durchkneten, 3 Rollen formen (ca. 50 cm lang) und zu einem Zopf flechten. Auf ein gefettetes Blech legen und mit Eigelb bestreichen. Mit dem Hagelzucker bestreuen und backen.
Backzeit: 25 Minuten.
Temperatur: 200°.

Rhabarberkuchen

500 g Mehl, 20 g Hefe, 75 g Zucker, 1 Prise Salz, 50 g Butter, 1 EL Öl, 1 Ei; Belag: 50 g gemahlene Haselnüsse, 1500 g Rhabarber; Guß: 2 Eier, 50 g Zucker, 5 EL Sahne, 1/2 P. Vanille-Puddingpulver.

Teig nach Grundrezept 1 herstellen und auf ein gefettetes Blech oder in die Fettpfanne geben. 50 g gemahlene Haselnüsse darüberstreuen. Rhabarber abziehen und kleinschneiden, in etwas Zuckerwasser 2 bis 3 Minuten brühen, herausnehmen und gut abtropfen lassen. Den Teig damit belegen. 2 Eier schaumig schlagen und mit Zucker, Sahne und Puddingpulver verrühren. Über den Rhabarber gießen und backen.
Backzeit: 20–25 Minuten.
Temperatur: 190°.

Thüringer Stollen

500 g Mehl, 40 g Hefe, 200 g Butter, 200 g Zucker, ⅛ l Milch, 1 Prise Salz;
Füllung: 200 g Rosinen, 100 g gemahlene Nüsse, 100 g gemahlene Mandeln, 100 g Zitronat, 100 g Orangeat, 8 EL Cognac oder Rum (Arrak); 100 g Butter, 150 g Zucker, 3 P. Vanillezucker; 100 g Puderzucker.

Sämtliche Früchte einschließlich der Nüsse und Mandeln über Nacht mit Cognac, Rum oder Arrak tränken.
Teig nach einem der Grundrezepte bereiten und gehen lassen. Die getränkten Früchte in den Teig drücken und nochmals 30 Minuten gehen lassen. 3 Teile daraus machen und mit etwas Mehl zu je einer Kugel formen. Oval drücken und auf ein mit Butterbrotpapier ausgelegtes Blech setzen. Noch 20 Minuten gehen lassen, dann im vorgeheizten Ofen backen. Werden die Stollen zu schnell braun, mit Alufolie abdecken.
Die heißen Stollen mit zerlassener Butter bestreichen und sofort in dem mit dem Vanillezucker vermischten Zucker wälzen, bis es eine Kruste gibt. Mit Puderzucker bestreuen.
Backzeit: Ca. 40 Minuten.
Temperatur: 230°.

Mohnstollen

500 g Mehl, 40 g Hefe, $\frac{3}{10}$ l Milch, 65 g Zucker, 1 Prise Salz, 175 g Butter, 2 EL Rum, 125 g gestiftelte Mandeln, je 50 g Zitronat und Orangeat; 500 g gemahlener Mohn, 500 g Zucker, 5 Eier, 1 KL Zimt, 1 Messerspitze Nelken, 125 g Butter, 2 EL Semmelmehl, 150 g Rosinen, 150 g Schokoladenstückchen, 100 g gehackte Mandeln; zerlassene Butter zum Bestreichen.

Teig nach Grundrezept 1 herstellen und gehen lassen. Den gemahlenen Mohn mit Zucker, Eiern, Zimt und Nelken verrühren. Die warme Butter dazugeben. Dann das Semmelmehl, die Rosinen, die Schokoladenstückchen und die gehackten Mandeln hinzufügen und alles gut verrühren.
Ist der Teig aufgegangen, wird er auf einem Backbrett, das vorher mit Mehl bestreut wurde, zu einem Rechteck ausgerollt (ca ½ cm dick). Die Füllung nun gleichmäßig darüberstreichen. Von der schmalen Seite her aufrollen. Den Stollen auf ein gefettetes Blech legen, nochmals 10 bis 15 Minuten aufgehen lassen und im vorgeheizten Ofen backen. Nach dem Erkalten mit zerlassener Butter bepinseln und mit Puderzucker bestäuben.
Backzeit: 60 Minuten.
Temperatur: 190°.

Nußbaumstamm

500 g Mehl, 30 g Hefe, ¼ l Milch, 3 Eier, 75 g Butter, 75 g Zucker, ½ KL Salz, abgeriebene Schale einer halben Zitrone; 300 g geriebene Haselnüsse, 60 g Zucker, 1 KL Zimt, 5 gestrichene EL geriebene Schokolade, 1 Ei, Milch nach Bedarf; 50 g Sultaninen.

Teig nach einem der Grundrezepte herstellen, kräftig schlagen und gehen lassen. Nüsse, Zucker, Zimt und die geriebene Schokolade vermischen, das Eigelb verquirlen und unterrühren. Soviel Milch dazugeben, daß sich die Masse zu einem dicken Brei verrühren läßt. Das Eiweiß zu Schnee schlagen und unterheben.
Den Teig zu einer länglichen Platte ausrollen und mit der Haselnußfüllung bestreichen. Die Sultaninen darüber streuen und zusammenrollen. Den Teigrand mit etwas Eigelb bepinseln. Die Teigrolle auf ein gefettetes Blech legen und an der Oberseite in kurzen Abständen mit einer Schere leicht einschneiden. Im vorgeheizten Ofen backen.
Backzeit: 50 Minuten.
Temperatur: 200°.

Prager Kolatschen (Kleingebäck)

500 g Mehl, 125 g Butter, 100 g Zucker, 6 EL Milch, 2 Eier, 1 Prise Salz, abgeriebene Schale einer Zitrone, 30 g Hefe; nach Belieben Mohn, Quark, Äpfel, Marmelade, Nüsse, Pflaumenmus oder Streusel zum Belegen.

Hefeteig nach Grundrezept 1 herstellen und kleinfingerdick ausrollen. Runde, handtellergroße Kolatschen (Kuchen) formen. Der Rand der Kolatschen muß etwas höher sein und wird mit verquirltem Ei bestrichen. Die Kuchenfläche mit einem beliebigen Belag bedecken. Die Kolatschen auf ein gefettetes Blech legen und im vorgeheizten Ofen backen, ohne sie nochmals gehen zu lassen.
Backzeit: Ca. 10 Minuten.
Temperatur: 180°.

Dresdener Stolle

1000 g Mehl, 80-90 g Hefe, ¼ l Milch, 200 g Zucker, 100 g Mandeln, 30 g bittere Mandeln, 1 Prise Salz, 500 g Butter, je 100 g Zitronat und Orangeat, 375 g Sultaninen; 200 g Butter zum Bestreichen; Puderzucker.

Teig nach Grundrezept 1 herstellen und gut durcharbeiten. Achten Sie bitte darauf, daß die untere Teigseite glatt bleibt. Am besten ein Backbrett mit Mehl bestreuen, den Teig darauflegen und immer wieder mit der Hand drücken. Dann den Teig einschlagen und wieder mit der Hand drücken. Die untere Seite darf dabei nicht nach oben kommen, da sonst Risse entstehen können. Der Teig muß glatt und geschmeidig sein. Dann erst Zitronat und Orangeat sowie die Sultaninen zugeben. Nun den Teig bei 50° im Backofen ca. 30 bis 60 Minuten gehen lassen. Er sollte fast um das Doppelte aufgehen. Am besten formen Sie bereits vorher die Stolle vor, das heißt, sie geben dem Teig die entsprechende Länge. Ist er gegangen, drücken Sie mit der flachen Hand der Länge nach eine Mulde in den Teig und schlagen die beiden Längsseiten übereinander, damit die Stolle die charakteristische Form erhält. Auf einem Blech mindestens noch 15 Minuten ruhen lassen, dann im vorgeheizten Ofen abbacken.

Stolle herausnehmen, mit Butter bestreichen und mit Puderzucker bestäuben.

Backzeit: 55–60 Minuten.

Temperatur: 200°.

▼

Biskuitteig

Biskuitteig wird haupsächlich zur Herstellung feiner Torten oder Obstkuchen, zum Beispiel von Erdbeer- und Himbeerkuchen, verwendet. Mit den hier angegebenen Grundrezepten sind Ihrer Phantasie wieder einmal keine Grenzen gesetzt. Sie können die verschiedensten Füllungen mit den verschiedensten Güssen kombinieren, einen Sahnekuchen bereiten, eine Puddingfüllung verwenden, Geleetorten herstellen, ganz wie es Ihnen gefällt. Nur sollten Sie wissen, daß der Biskuitteig im allgemeinen kein Fett enthält, dafür mehr Eier, und daß Mehl und Stärkemehl gemischt zugegeben werden, damit der Kuchen besonders zart und locker wird. Aber auch hier wieder keine Regel ohne Ausnahme. Es gibt auch Biskuitteige mit Fett. Welcher Art man den Vorzug gibt, hängt vom persönlichen Geschmack ab. Ich selbst ziehe Biskuitteig ohne Fett vor, er unterscheidet sich deutlicher vom Rührteig.
Sie können auch einen Mürbeteigboden mit einem Biskuitteigboden kombinieren, indem Sie den Mürbeteigboden mit Erdbeermarmelade bestreichen, den Biskuitboden darüber legen und dann erst zum Beispiel Erdbeeren darauflegen.
Auch beim Biskuitteig ist es sehr praktisch, zumindest eine elektrische Handrührmaschine zu besitzen, denn es erfordert doch ziemlich viel Zeit und Kraft, das Eiweiß zu steifem Schnee zu schlagen. Und sehr steif sollte der Eischnee sein. Außerdem möchte ich Ihnen dringend empfehlen, auch wenn im Rezept nicht angegeben, dem Teig eine Messerspitze Backpulver hinzuzufügen, zumindest am Anfang Ihrer Backkünste. Später, wenn Sie den Biskuitteig par excellence beherrschen, können Sie darauf verzichten, sofern im Rezept nicht extra angegeben.
Es gibt zwei Methoden, Biskuitteig herzustellen. Mit der einen habe ich aber mehrfach Schiffbruch erlitten, deshalb möchte ich sie Ihnen gar nicht erst mitteilen. Erwähnt sei nur der Vollständigkeit halber, daß man dabei die Eier nicht getrennt verwendet, sondern sie mit etwas Wasser und dem Zucker zu einem schaumigen Brei verrührt.

Grundart der Zubereitung

Das Eiweiß wird mit dem Schneebesen oder dem elektrischen Handrührgerät sehr steif geschlagen. Dann läßt man den Zucker einrieseln. Kurz weiterschlagen, die verrührten Eigelb vorsichtig unterziehen. Mehl, Stärkemehl und – falls vorgesehen – Backpulver mischen, eventuell Kakao, Schokoladen- oder Kaffeepulver hinzufügen. Über die Schaummasse sieben und mit dem Schneebesen unterheben. Wenn Sie einen elektrischen Quirl verwenden, bitte darauf achten, daß das Eiweiß bei stärkster Stufe geschlagen wird, das Unterheben der übrigen Zutaten aber nur bei schwächster Einstellung erfolgen darf. Sofort in eine mit Backpapier ausgelegte Form geben und abbacken.
Wollen Sie einen Tortenboden herstellen, so geben Sie den Teig in eine *nur am Boden* gefettete Springform und backen den Teig ab. Wenn Sie die Seitenränder auch fetten, türmt sich der Biskuitboden in der Mitte auf und ist dann nur noch schlecht geeignet, um zum Beispiel zwei- oder dreimal aufgeschnitten zu werden.
Nach dem Backen den Kuchen noch einige Minuten außerhalb des Backofens stehen lassen, dann mit einem Messer am Rand entlang fahren und die Springform öffnen. Die Torte auf ein Drahtgitter stürzen und das Papier abziehen, sofern Sie welches verwendet haben. Erst nach gründlichem Auskühlen durchschneiden und beliebig füllen und verzieren.
Sollten Sie den Biskuitteig in Formen backen wollen, so müssen dieselben gefettet sein. Ich denke da unter anderem an die in manchen Gegenden Deutschlands üblichen Osterlämmer, für die es spezielle Backformen gibt, oder auch ganz einfach an Biskuitteig in einer Kranzkuchenform.
Ein Biskuit-Tortenboden eignet sich auch hervorragend zum Belegen mit Obst, zum Beispiel mit Erdbeeren (siehe Bild rechte Seite). Verwendet man eingemachte Früchte, muß man sie vorher gut abtropfen lassen, sonst wird der Boden zu feucht.

Grundteig 1

6-8 Eier, 200 g Zucker, 1 P. Vanillezucker, 100 g Weizenmehl, 100 g Stärkemehl.

Teig nach Zubereitungsgrundart herstellen und im Backofen auf dem Rost auf der unteren Schiene abbacken.
Backzeit: 30 Minuten.
Temperatur: 180°.

Grundteig 2 (mit Wasser)

4 Eier, 4 EL warmes Wasser, 150 g Zucker, 1 P. Vanillezucker, 100 g Weizenmehl, 100 g Stärkemehl, 2 gestrichene KL Backpulver.

Den Teig nach Zubereitungsgrundart herstellen und auf dem Rost auf der unteren Schiene abbacken.
Backzeit: 30–35 Minuten.
Temperatur: 180–190°.

Grundteig 3 (mit Schokoladenpulver)

5 Eier, 5 EL warmes Wasser, 175 g Zucker, 1 P. Vanillezucker, 125 g Weizenmehl, 125 g Stärkemehl, 2 gestrichene KL Backpulver, 30 g Schokoladenpulver.

Teig nach Zubereitungsgrundart herstellen und auf dem Rost auf der unteren Schiene abbacken.
Backzeit: 35 Minuten.
Temperatur: 180°.

Grundteig 4 (mit Butter)

6 Eier, 200 g Zucker, 1 P. Vanillezucker, 150 g Weizenmehl, 150 g Stärkemehl, 100 g Butter.

Teig nach Zubereitungsgrundart herstellen, beim Mischen jedoch die zerlassene, *lauwarme* Butter vorsichtig hineinträufeln. Auf dem Rost auf der mittleren Schiene abbacken.
Dieser Teig ist besonders gut für eine gut gefettete Kranzform geeignet. Sie können diese feine Butterbiskuittorte 1 bis 2 Tage vor Verwendung backen. Mit Schokoladenguß überzogen (siehe Kapitel »Cremes, Güsse und Streusel«) schmeckt sie noch besser.
Backzeit: 30–35 Minuten.
Temperatur: 190°.

Biskuitrolle

Die Biskuitrolle ist eine feine, aber etwas heikle Sache. Ehrlich gesagt, ich zittere immer, wenn es an's Aufrollen geht. Denn man muß sehr schnell arbeiten, damit der gebackene Teig nicht trocken wird oder gar bricht! Aber die Mühe lohnt sich. Und, das zum Trost, bisher hat es immer einwandfrei geklappt. Nur Mut! Auch Ihnen wird die Rolle gelingen!

6-7 Eier, 100 g Zucker, 1 P. Vanillezucker, 75 g Weizenmehl, 75 g Stärkemehl;
Füllung: nach Belieben Marmelade (500 g) oder Creme.

Den Teig nach Zubereitungsgrundart herstellen. Ein Blech – ich nehme immer die Fettpfanne, weil da nichts rauslaufen kann – mit Butterbrotpapier am Boden und auch an den Seiten belegen, den Teig daraufstreichen und auf der mittleren Schiene abbacken. Beachten Sie bitte, daß die Backzeit 12 Minuten nicht übersteigt (Küchenwecker einstellen), sonst wird die Rolle an den Seiten trocken!
Währenddessen eine Serviette oder ein Küchentuch, das etwas größer als die Fettpfanne ist, mit Zucker bestreuen, den gebackenen Biskuit daraufstürzen und das Butterbrotpapier sofort entfernen. Soll die Rolle mit Marmelade gefüllt werden, jetzt sofort damit bestreichen. Den Biskuit mittels des Tuches von der Schmalseite her aufrollen. Besonders leicht geht das, wenn Sie den Teig so auf das Tuch gestürzt haben, daß an der einen Schmalseite ein kleiner Tuchrand vorsteht. Von daher rollen Sie dann auf.
Soll mit Creme (siehe Kapitel »Cremes, Güsse und Streusel«) gefüllt werden, wird der Biskuit ebenfalls auf das besagte Tuch gestürzt. Doch nun legen Sie das abgezogene Butterbrotpapier auf die Oberseite und rollen den Biskuit mit dem Papier wie vorhin beschrieben auf und lassen ihn auskühlen. Danach vorsichtig zurückrollen, mit Creme bestreichen und erneut aufrollen.
Mit Puderzucker bestreuen oder zum Beispiel mit Aprikosenmarmelade überziehen.
Wichtig: Es muß sehr schnell gearbeitet werden!
Backzeit: 10-12 Minuten (nicht länger).
Temperatur: 190-200°.

Schokoladen-Johannisbeer-Rolle

5 Eier, 5 EL warmes Wasser, 150 g Zucker, abgeriebene Schale einer Zitrone, 90 g Weizenmehl, 90 g Stärkemehl, 1½ KL Backpulver, 40 g Schokoladenpulver;
Füllung: 300-400 g Johannisbeermarmelade oder -gelee; 10 EL Rum.

Aus den Zutaten Biskuitrolle wie im vorhergehenden Rezept herstellen. Die noch warme Rolle mit Johannisbeermarmelade füllen, aufrollen, auskühlen lassen und mit Rum beträufeln. Am besten eignet sich weißer Rum dazu.
Backzeit: 10–12 Minuten (nicht länger).
Temperatur: 190–200°.

Schwarzwälder Kirschtorte *(Titelbild)*

Zutaten für den Biskuitboden wie Grundrezept 3 (S. 41);
Für die Füllung: 1 Glas eingemachte Kirschen, 2 Gläschen Rum, Zucker, ½ l süße Sahne; zum Bestreuen: Borkenschokolade.

Den Teig nach Zubereitungsgrundart herstellen und auf dem Rost auf der unteren Schiene abbacken.
Den Tortenboden auskühlen lassen und zweimal quer durchschneiden.
Die Kirschen gut abtropfen lassen und entkernen. In einer Schüssel mit dem Rum beträufeln und 1 Stunde ziehen lassen. Die Sahne steifschlagen und nach Belieben zuckern. In drei Teile aufteilen und einen davon zur Seite stellen. Mit der übrigen Sahne zwei der Böden bestreichen. Die abgetropften Kirschen darauf verteilen. Nun die drei Böden wieder zusammensetzen, und mit der restlichen Sahne die Torte ringsherum bestreichen. Mit Borkenschokolade bestreuen.
Backzeit: 35 Minuten.
Temperatur: 180°.

Zitronentorte »Mignon«

6 Eier, 200 g Zucker, 1 P. Vanillezucker, 100 g Weizenmehl, 100 g Stärkemehl;
Füllung 1: 3 Eigelb, 125 g Zucker, 6 Blatt weiße Gelatine, ¼ l kochendes Wasser, Saft von 4 Zitronen, 3 Eiweiß;
Füllung 2: ½ l Sahne, 3 EL heißes Wasser, 4 Blatt weiße Gelatine;
Verzierung: Schlagsahne oder Puderzucker.

Biskuitteig nach Zubereitungsgrundart herstellen. In eine am Boden gefettete Springform füllen, auf dem Rost auf der unteren Schiene backen und auskühlen lassen.

Füllung 1: Eigelb mit Zucker sehr schaumig rühren. Weiße Gelatine in kochendem Wasser auflösen und etwas erkalten lassen. Mit der Masse aus Eigelb und Zucker vermischen, Zitronensaft dazugeben. Eiweiß steif schlagen und unter die Masse heben.
Füllung 2: Gelatine in heißem Wasser auflösen. Sahne sehr steif schlagen und die Gelatine ganz vorsichtig unterziehen.
Den erkalteten Biskuit waagerecht in 3 Teile schneiden, so daß 3 Böden entstehen. Einen Boden wieder in die Springform geben. Wenn die Füllung 1 anfängt, steif zu werden, diesen Boden damit bestreichen. Den nächsten Boden darüberlegen und mit der Füllung 2 bestreichen. Den letzten Boden aufsetzen und die Springform mindestens 6 Stunden lang in den Kühlschrank stellen.
Vor dem Servieren mit einem Messer zwischen Torte und Springform entlangfahren, Springform öffnen und die Torte herausnehmen. Mit Puderzucker oder Sahne verzieren.
Backzeit: 30 Minuten.
Temperatur: 180°.

Mandeltorte *(Titelbild)*

Zutaten für den Biskuitboden wie Grundrezept 4 (S. 41);
Für die Füllung: 1 Glas Erdbeermarmelade, 100 g gehackte Mandeln;
Puderzuckerguß (S. 12) zum Bestreichen; Garnierung: halbierte Mandeln, Mandelsplitter, Zucker, etwas Butter, Mandelblättchen.

Den Teig nach Zubereitungsgrundart herstellen und auf dem Rost auf der mittleren Schiene abbacken.
Den Tortenboden auskühlen lassen und zweimal quer durchschneiden.
Die Marmelade mit den gehackten Mandeln verrühren und zwei der Böden damit bestreichen. Die Torte wieder zusammensetzen und mit Zuckerguß überziehen. In einer Pfanne etwas Butter zerlassen und Zucker darin erhitzen. Sobald die Masse karamelisiert, die halbierten Mandeln darin wenden. Herausnehmen und die Mandelsplitter in die Pfanne geben. Ebenfalls kurz wenden, dann in kleinen Häufchen auf Alufolie setzen und auskühlen lassen. Die Torte mit den halbierten Mandeln und den Mandelsplitterhäufchen garnieren. Die Ränder mit Mandelblättchen bestreuen.
Backzeit: 30–35 Minuten.
Temperatur: 190°.

Weintraubentorte »St. Pölten«

Mandelboden: 50 g gemahlene Mandeln, 50 g Mehl, 50 g Zucker, 50 g Butter;
Belag: 150 g Johannisbeergelee;
Biskuitboden: 4 Eier, 100 g Zucker, 1 P. Vanillezucker, 50 g Mehl, 50 g Stärkemehl;
Belag: 750 g Weintrauben, 2 EL Kirschwasser;
Verzierung: Schlagsahne.

Aus den Zutaten für den Mandelboden einen Teig kneten und in einer mit Butterbrotpapier ausgelegten und gefetteten Springform auf der mittleren Schiene hellbraun backen. Nach dem Backen auf ein Drahtgitter stürzen und das Papier sofort vorsichtig vom Boden lösen. Biskuitboden nach Zubereitungsgrundart herstellen, auf der mittleren Schiene backen und abkühlen lassen. Mandelboden auf den mit Johannisbeergelee bestrichenen Biskuitboden legen. Die abgetropften Weintrauben darauf verteilen und mit Kirschwasser beträufeln. Mit Schlagsahne verzieren.
Statt mit Schlagsahne kann man die Torte auch mit gesüßtem Eischnee verzieren. Danach in dem nicht zu heißen Backofen kurz trocknen und leicht bräunen.
Backzeit: Biskuitboden 15 Minuten, Mandelboden 10–12 Minuten.
Temperatur: 190, 200°.

Torte »Othello«

6 Eier, 6 EL heißes Wasser, 200 g Zucker,
abgeriebene Schale einer Orange, 150 g Mehl, 150 g Stärkemehl,
1 KL Backpulver; 6 EL Kirschwasser zum Beträufeln;
Füllung: 1 l süße Sahne, 2 Tafeln bittere Schokolade,
6 EL Schokoladenpulver;
Verzierung: ca. 100 g Pistazien.

Biskuitteig nach Zubereitungsgrundart herstellen, in einer Springform auf der mittleren Schiene backen und auskühlen lassen. Den erkalteten Biskuitboden zweimal waagerecht durchschneiden, so daß 3 Böden enstehen. Diese mit dem Kirschwasser beträufeln und gut durchziehen lassen.
Die Sahne mit der zerstückelten Schokolade im Wasserbad erhitzen und unter mehrmaligem Umrühren wieder erkalten lassen. 5 bis 6 Stunden in den Kühlschrank stellen. Dann Schokoladepulver hinzugeben und die Creme mit dem Schneebesen oder dem Mixer verrühren.
Die einzelnen Tortenböden mit der Creme bestreichen und zusammensetzen. Die Oberfläche mit ein paar Cremespritzern garnieren und mit Pistazien bestreuen.
Backzeit: 30 Minuten.
Temperatur: 190°.

Himbeer-Sahne-Torte

4 Eier, 100 g Zucker, 1 P. Vanillezucker, 50 g Mehl, 50 g Stärkemehl;
2 P. Tiefkühl-Himbeeren, 1 P. Götterspeise (Himbeergeschmack),
8 EL Zucker, ½ l süße Sahne.

Biskuitteig nach Grundzubereitungsart herstellen, auf der unteren Schiene backen und abkühlen lassen. Himbeeren über Nacht auftauen und abtropfen lassen. Den Saft abfangen und mit Wasser auf knapp ½ l auffüllen. Götterspeise 10 Minuten im Saft quellen lassen, den Zucker zugeben, aufkochen und erkalten lassen. Die Sahne steif schlagen und kurz vor dem Gelieren unter die Masse heben.
Den Boden nach dem Erkalten wieder in die Springform setzen, die abgetropften Himbeeren darauf verteilen und mit der Himbeersahne bedecken. Einige Stunden in den Kühlschrank stellen, bis die Himbeersahne fest geworden ist. Mit einem Messer zwischen Torte und Springformrand entlang fahren und aus der Form lösen.
Backzeit: 12–15 Minuten.
Temperatur: 190°.

Himbeertorte ▶

4 Eier, 4 EL warmes Wasser, 1 Prise Salz, 125 g Zucker,
50 g Sanella, 100 g bittere Schokolade, 75 g Mehl, 50 g Stärkemehl,
1 KL Backpulver; 5 EL Himbeergeist;
Füllung: 250 g Himbeeren (frisch oder tiefgekühlt), 65 g Zucker,
5 Blatt weiße Gelatine, ¼ l Schlagsahne;
Garnierung: 3 P. Vanillezucker, 1½ P. Sahnesteif; ⅛ l Schlagsahne,
50 g Mandelblättchen, Schokoladenblättchen, Himbeeren.

Eigelb, Wasser, Salz und Zucker schaumig schlagen. Die zerlassene Sanella und die im Wasserbad geschmolzene Schokolade untermischen. Das Eiweiß steif schlagen und auf den Teig geben. Mehl, Stärkemehl und Backpulver darübersieben und alles unterheben. Den Teig in eine gefettete Springform füllen und im vorgeheizten Ofen backen.
Den abgekühlten Tortenboden einmal durchschneiden und mit Himbeergeist beträufeln. Die Himbeeren pürieren und mit dem Zucker vermischen. Die in Wasser aufgelöste Gelatine ausdrücken und einrühren. Wenn die Creme halb steif ist, die steif geschlagene Sahne unterziehen. Die Torte mit der Creme füllen. Die für die Garnierung bestimmte Sahne steif schlagen und sahnesteif untermischen. Die Torte damit bestreichen und verzieren. Den Rand der Torte mit Mandelblättchen bestreuen. Mit Schokoladenblättchen und Himbeeren garnieren.
Backzeit: Ca. 25 Minuten.
Temperatur: Ca. 175°.

Mürbeteig

Mürbeteig ist relativ einfach herzustellen. Es kommt, im Gegensatz zu den bereits behandelten Teigarten, darauf an, alle Zutaten, besonders die Butter, möglichst kalt zu verarbeiten. An dieser Stelle darf ich vielleicht noch einmal daran erinnern, daß ich zwar in allen Rezepten Butter angebe, daß man aber genauso gut Margarine verwenden kann. Das gilt natürlich auch für den Mürbeteig. Allerdings sollte die Margarine sehr wasserarm sein, was bei ausgesprochenen Diätmargarinen nicht der Fall ist.
Wichtig ist auch, daß der Teig nach Zubereitung noch einmal kalt gestellt wird. In vielen Rezeptbüchern wird geraten, den Teig nach Herstellung zu einer Rolle zu formen und noch einmal in den Kühlschrank zu legen, bevor man ihn ausrollt. Dagegen ist gar nichts einzuwenden, es ist die klassische Methode. Ich habe eine Möglichkeit gefunden, die mir praktischer erscheint und denselben Effekt hat. Ich fülle den Teig in die Form oder auf das Blech und stelle ihn mit der Form in den Kühlschrank. Das Durchkühlen geht schneller und - so bilde ich mir zumindest ein - der fertige Teig wird noch mürber. Ich habe auch schon den Versuch unternommen, Mürbeteig in der Springform in die Tiefkühltruhe zu stellen, kurz anfrieren zu lassen und dann erst abzubacken. Das geht auch, bringt aber keinerlei Vorteil gegenüber der eben erwähnten Methode.

Grundart der Zubereitung

Das Mehl mit dem Backpulver, sofern welches vorgesehen ist, mischen und auf ein Backbrett sieben. Wollen Sie einen dunklen Mürbeteig, sieben Sie gleich Kakao mit. Darüber dann, je nach Rezept, geriebene Mandeln oder Nüsse streuen. In die Mitte eine kleine Mulde drücken, die aber keinesfalls so tief sein sollte, daß das Backbrett frei liegt. Es sollte immer noch eine Schicht Mehl zwischen dem Backbrett und dem nun herzustellenden Teig sein. In die Vertiefung kommen der Zucker und die Eier, die Flüssigkeit und die Gewürze. Man verrührt alles mit soviel Mehl, daß man einen dicken Brei erhält, der aber nie mit dem Backbrett in Berührung kommen darf. Diesen Brei nun mit dem restlichen Mehl bedecken und die in kleine, feste Stücke geschnittene kalte Butter darauf verteilen. Die Butter mit dem restlichen Mehl bedecken und nun mit *gut gekühlten,* aber nicht nassen Händen alles zu einem Kloß zusammendrücken.
Dann beginnt das eigentliche Kneten, das so schnell wie möglich vor sich gehen sollte, damit der Teig keine Zeit hat, sich zu erwärmen. Immer wieder mit dem Handballen auf den Kloß drücken. Dann hebt man ihn ab, verteilt das Mehl, das noch auf dem Brett ist, ein wenig, formt den Teig wieder zu einem Kloß, drückt wieder mit dem Handballen und so weiter, bis ein glatter Teig entsteht. Hat man den Teig richtig geknetet, bleibt er weder an den Händen noch an der Tischplatte oder dem Backbrett hängen. Nun muß der Teig, am besten in der Form oder in Alufolie gehüllt, 1 bis 2 Stunden im Kühlschrank ruhen.
Statt den Teig zu kneten, kann man die Butter auch mit einem großen Messer in den Teig hineinhacken, bis dieser die gewünschte Konsistenz hat. Oder man verwendet die Knethaken einer elektrischen Küchenmaschine. In diesem Fall sollte das Fett - anders als bei den bisher genannten Methoden - geschmeidig sein. Allerdings muß man dann den Teig mindestens 2 Stunden in den Kühlschrank stellen.
Danach wird der Teig meistens ausgerollt. Das Nudelholz dazu mit Mehl bestäuben, das Backbrett ebenfalls. Das Nudelholz, auch Wellholz genannt, leicht über den Teig führen, aber bitte darauf achten, daß Sie nicht zuviel Mehl mit hineinarbeiten. Die Formen oder Bleche brauchen beim Mürbeteig nicht, können aber ausgefettet werden.
Haben Sie aus Versehen zuviel Teig bereitet, können Sie daraus noch Plätzchen backen oder den übriggebliebenen Teig einfrieren und bei Bedarf verwenden.

Bild rechts:
Gefüllter Streuselkuchen aus Mürbeteig
Königskuchen (Rezept S. 18)

Grundteig 1

250 g Mehl, 1 KL Backpulver, 100 g Zucker, 1 Prise Salz, 2 Eigelb, 130 g Butter.

Diese Teigmischung eignet sich besonders gut für Tortenböden. Für Blechkuchen die zwei- bis dreifache Menge an Zutaten nehmen.
Den Teig nach Zubereitungsgrundart herstellen. ⅔ davon für den Boden verwenden, aus dem restlichen Teig eine Rolle formen und so an den Rand der Springform drücken, daß ein gleichmäßiger Teigrand entsteht. Den Boden mit einer Gabel mehrmals einstechen, um Blasen beim Backen zu verhindern. Auf dem Rost auf der unteren Schiene abbacken.
Den ausgekühlten Boden können Sie nun nach Ihrem eigenen Geschmack füllen und die schönsten Torten damit zaubern. Hier ein Vorschlag, wenn unerwartet Gäste zum Kaffeetrinken kommen: Den Tortenboden mit Fruchtgelee oder Marmelade füllen und mit Streusel (siehe Kapitel »Cremes, Güsse und Streusel«) bestreuen. Nach dem Backen mit Schlagsahne servieren (siehe Bild unten).
Backzeit: 25–30 Minuten.
Temperatur: 210–220°.

Grundteig 2 (ohne Backpulver und Zucker)

300 g Mehl, 1 Prise Salz, 2 Eigelb, 3 EL kaltes Wasser, 150 g Butter.

Diese Teigmischung eignet sich besonders gut für Torteletts.
Alle Zutaten nach Zubereitungsgrundart verkneten. Kleine Förmchen mit dem Teig auslegen. Abbacken und mit Mandarinen, Kirschen, Erdbeeren oder anderem belegen. Eventuell mit einem Guß überziehen (siehe Kapitel »Cremes, Güsse und Streusel«) und mit geriebenen Haselnüssen oder Mandelsplittern verzieren.
Bitte beachten: Die Backzeit kann sich etwas verkürzen, das kommt ganz darauf an, wieviel Torteletts Sie backen wollten. Beim Mürbeteig darf man jedoch schon mal während des Backens in den Ofen schauen, um nachzusehen, ob der Kuchen schon fertig ist. Er ist nicht so empfindlich wie andere Teigarten.

Obstkuchen

Wenn Sie einen Obstkuchen mit Mürbeteigboden bereiten wollen, backen Sie den Boden stets 10 Minuten vor. Belegen Sie ihn dann erst mit Obst (ohne Zucker), und backen Sie ihn dann weiter. Er kann auf diese Weise nicht zu feucht werden. Gezuckert wird wieder erst kurz vor dem Servieren.

Mohnkuchen

200 g Mehl, 50 g Zucker, 150 g Butter, 1 P. Vanillezucker, 1 gestrichener KL Stärkemehl;
Belag: 250 g gemahlenen Mohn, ½ l Milch, 100 g Rosinen, 1 P. Vanillepudding, 1 P. Vanillezucker, 2 Eier, 200 g Zucker; Puderzucker zum Bestreuen.

Mürbeteig nach Zubereitungsgrundart herstellen und in eine Tortenform (26 cm Durchmesser) geben. Einen 3 cm hohen Rand andrükken, dann kaltstellen. Mohn in der Milch (6 Eßlöffel zurückbehalten) aufkochen lassen. Puddingpulver und ⅔ des Zuckers mit den 6 Eßlöffeln kalter Milch anrühren, zur Mohn-Milch-Masse geben und aufkochen lassen.
Unter mehrmaligem Rühren abkühlen lassen. Eidotter, Rosinen und Vanillezucker unter den abgekühlten Mohnpudding rühren. Eiweiß zu steifem Schnee schlagen, den Rest des Zuckers hinzufügen und unter die Mohnmasse heben.
Mohnmasse in die Tortenform auf den Teigboden füllen und auf der unteren Schiene backen. Nach dem Erkalten mit Puderzucker bestreuen.
Backzeit: Ca. 50 Minuten.
Temperatur: 200°.

Apfeltorte »Hubertus«

Zutaten wie bei Grundteig 1;
Belag: 150 g Preiselbeeren, ⅛ l Sahne; 1 P. weiße Gelatine, 3 EL Apfelsaft, 300 g Apfelmus, ¼ l Sahne.

Mürbeteig nach Zubereitungsgrundart herstellen, in eine gefettete Springform drücken und auf der unteren Schiene backen. Auskühlen lassen, dann mit Preiselbeeren belegen. Darauf 1 cm dick steife Schlagsahne streichen. Die weiße Gelatine in Apfelsaft auflösen, mit dem Apfelmus mischen und die steif geschlagene Sahne unterheben. Über die Torte verteilen. Bis zum Servieren in den Kühlschrank stellen.
Backzeit: 25 Minuten.
Temperatur: 220°.

Käsekuchen »Juliette«

Zutaten wie bei Grundteig 1;
Füllung: 150 g Aprikosenmarmelade, 1 EL Rum, 250 g Sahnequark, 2 EL Zucker, 1 Eigelb.

Mürbeteig nach Zubereitungsgrundart herstellen, halbieren und rund ausrollen. Eine Springform ausbuttern und mit Semmelbrösel bestreuen. Die eine Hälfte des Teiges so in die Form drücken, daß ein kleiner Rand entsteht. Auf den Boden die mit Rum vermischte Aprikosenmarmelade verteilen und darauf den Sahnequark streichen, der mit dem Zucker und Eigelb verrührt wurde. Die 2. Teigplatte wird als Deckel aufgesetzt und einige Male mit einer Gabel eingestochen. Im vorgeheizten Ofen auf der mittleren Schiene abbacken.
Backzeit: Ca. 50 Minuten.
Temperatur: 200°.

Käsecremetorte

Zutaten wie bei Grundteig 1;
Belag: 1000 g Quark, 5 Eier, 200 g Zucker, 2 P. Vanillezucker, 100 g Stärkemehl, 1 KL Backpulver, 75 g Rosinen, Saft und abgeriebene Schale einer Zitrone, ¼ l Sahne.

Mürbeteig nach Zubereitungsgrundart herstellen. ⅘ davon ausrollen und in eine gefettete Springform geben. Vom Rest einen ca. 3 cm hohen Rand formen und aufsetzen. Dann den Teig 15 Minuten auf der mittleren Schiene vorbacken.
Eigelb mit Zucker und Vanillezucker schaumig rühren, dann Quark, Stärkemehl, Backpulver, Rosinen, Zitronensaft und abgeriebene

Zitronenschale zugeben und gut verrühren. Die Sahne steif schlagen und unterheben. Zum Schluß das Eiweiß zu steifem Schnee schlagen und vorsichtig unterziehen. Die Masse auf den Teig in die Springform streichen und backen.
Backzeit: 15 Minuten (Vorbacken), 75 Minuten (Hauptbacken).
Temperatur: 180°, 220°.

Käsekuchen

▶

Zutaten wie bei Grundteig 1;
Belag: 50 g Butter, 150 g Zucker, 4 Eier, 750 g Quark, ½ l Milch, 1½ P. Vanillepudding, 400 g Sauerkirschen.

Mürbeteig nach Zubereitungsgrundart herstellen, in eine Springform drücken und in der Form kalt stellen. Butter und Zucker schaumig rühren. Nach und nach die Eier dazugeben. Den Quark unterrühren, dann die Milch abwechselnd mit dem Vanillepuddingpulver. Die Sauerkirschen dazugeben. Die Masse auf den Teig in die Springform streichen. Auf der mittleren Schiene backen.
Nach dem Backen den Kuchen auf ein Drahtgitter stürzen und erst vor dem Servieren wieder umdrehen.
Backzeit: 50–60 Minuten.
Temperatur: 190–200°.

Apfeltorte »Adam und Eva«

Belag: 200 g Mehl, 100 g Zucker, 100 g Butter, 1 Ei, 1 KL Zimt; ⅛ l Wasser, 200 g Zucker, 500 g Äpfel (Starking, Boskop), 50 g gewürfeltes Zitronat, 100 g gestiftelte Mandeln, 75 g Rosinen, Saft und abgeriebene Schale einer Zitrone;
Guß: 125 g Puderzucker, 1 EL Zitronensaft, 1 Eiweiß, 75 g gehackte Mandeln.

Mürbeteig nach Zubereitungsgrundart herstellen, in eine Springform auslegen und einen ca. 2 cm hohen Rand hochdrücken. In der Form kaltstellen. Wasser mit Zucker aufkochen, die geschälten und gewürfelten Äpfel dazugeben und unter Rühren aufkochen lassen. Zitronat, Mandeln, Rosinen sowie Saft und Schale der Zitrone hinzufügen und alles bei geringer Hitze in 15 bis 20 Minuten einkochen lassen. Die erkaltete Apfelmasse auf den Teig streichen. Im vorgeheizten Ofen auf der untersten Schiene backen.
Puderzucker mit Eiweiß und Zitronensaft glattrühren und auf den noch warmen Kuchen streichen. Mit gehackten Mandeln bestreuen. Den Kuchen erst nach dem Erkalten aus der Form nehmen.
Backzeit: 30 Minuten.
Temperatur: 200°.

Apfeltorte mit Rahmguß

150 g Mehl, ½ KL Backpulver, 50 g Zucker, 100 g Butter, 1 Eigelb, 1 Prise Salz;
Belag: 4 EL Rosinen, 4 EL Rum, 750 g Äpfel, Saft einer Zitrone, 1 P. Mandelblättchen;
Guß: ⅛ l saure Sahne, 1 Ei, 50 g Zucker.

Mürbeteig nach Zubereitungsgrundart herstellen, in eine gefettete Tortenform drücken und ca. 60 Minuten kaltstellen.
Die Rosinen mit Rum übergießen und ziehen lassen. Äpfel schälen, vierteln und entkernen. In eine Schüssel mit Wasser den Zitronensaft geben und die Apfelviertel hineinlegen. Nach 15 bis 20 Minuten gut abtropfen lassen und den Tortenboden damit belegen. Mit den Rum-Rosinen und den Mandeln bestreuen und im vorgeheizten Ofen auf der unteren Schiene vorbacken.
Inzwischen für den Rahmguß Eigelb und Zucker schaumig rühren. Saure Sahne untermischen. Eiweiß steif schlagen und unter die Masse ziehen. Über die Torte verteilen und auf der oberen Schiene fertigbacken.
Backzeit: 20 Minuten (Vorbacken), 20 Minuten (Hauptbacken).
Temperatur: 200°.

◀ Bühler Kirschtörtchen

750 g Sauerkirschen, 100 g Zucker, 175 g Mehl, 1 Prise Salz, 2 P. Vanillezucker, 175 g Sanella, 175 g Magerquark, 40 g Kokosraspeln, 20 g Zucker; 2 Eier, ⅛ l Schlagsahne, 50 g Zucker, 1 Vanilleschote; Zucker zum Bestreuen.

Frische Sauerkirschen entkernen, mit Zucker bestreuen und durchziehen lassen. Mehl, Salz, Vanillezucker, Sanella und Quark rasch zu einem Teig verkneten und im Kühlschrank ruhen lassen. Kokosraspeln mit Zucker goldgelb rösten. Den Teig ausrollen und 8 Törtchenformen von 11 cm Durchmesser damit auslegen. Mit Kokosraspeln bestreuen und die abgetropften Kirschen darauf verteilen. Eier mit Sahne, Zucker und dem Mark der Vanilleschote verschlagen und über die Kirschen gießen. Im vorgeheizten Ofen auf dem Rost backen.
Die Törtchen sofort aus der Form nehmen und mit Zucker bestreuen.
Backzeit: Ca. 25 Minuten.
Temperatur: 200–225°.

Gedeckter Obstblechkuchen

750 g Mehl, 3 KL Backpulver, 300 g Zucker, 1 P. Vanillezucker, 1 Prise Salz, 2 Eier, 375 g Butter;
Belag: 75 g geriebene Mandeln, 2500 g Äpfel, 200 g Sultaninen, ½ KL Zimt, 50 g gehackte Mandeln.

Mürbeteig nach Zubereitungsgrundart herstellen. Wenigstens 60 Minuten kalt stellen. Gut die Hälfte des Teigs ausrollen, in Größe der Fettpfanne zurechtschneiden und leicht mit Mehl bestäubt auf ein Geschirrtuch aufrollen.
Den restlichen Teig ausrollen und die Fettpfanne damit auslegen. Mit geriebenen Mandeln bestreuen. Dicht mit geschälten, geviertelten, vom Kerngehäuse befreiten Äpfeln belegen. Mit Sultaninen und Zimt bestreuen. Das Obst darf *nicht* gezuckert werden! Jetzt die aufgerollte Teigdecke vorsichtig über dem Obstbelag abrollen. Teigränder andrücken und Decke mehrfach einstechen. Im vorgeheizten Ofen auf der mittleren Schiene abbacken.
Gleich nach dem Backen mit Puderzuckerguß (siehe Kapitel »Cremes, Güsse und Streusel«) überziehen.
Backzeit: 50 Minuten.
Temperatur: 200°.

Pate brisée

Kommen wir nun zu einer französischen Abart des Mürbeteigs, die weniger Zucker enthält und vor allem zur Herstellung feiner Obsttorten geeignet ist.

250 g Mehl, 125 g Butter, 1 Messerspitze Salz, 25 g Zucker, ca. $\frac{1}{10}$ l Wasser;
Belag: rohes oder gedünstetes Obst (Mirabellen, Äpfel, Erdbeeren, Zwetschgen etc.), Marmelade.

Einen Mürbeteig nach Grundzubereitungsart herstellen (für ein Blech nimmt man die doppelte Menge der Zutaten) und so in die Springform drücken, daß ein Rand von ca. 2 cm Höhe entsteht. 60 Minuten in der Form kaltstellen. Darauf nun beliebiges Obst verteilen. Je hübscher Sie dieses anordnen, desto appetitlicher sieht der Kuchen nachher aus. Zum Süßen mischt man die Früchte vorher mit Marmelade. Auf der unteren Schiene backen, ganz gleich, ob die Früchte roh oder bereits gekocht sind.
Backzeit: 25–30 Minuten.
Temperatur: 220°.

Mandelkuchen ▶

Zutaten wie bei Grundteig 1;
Belag: 500 g Obst (Sauerkirschen, Johannisbeeren, Pfirsiche, Mirabellen etc.); 150 g gemahlene Mandeln, 150 g Zucker, 4 Eier, Saft und abgeriebene Schale einer halben Zitrone, Mandelblättchen.

Mürbeteig nach Zubereitungsgrundart herstellen. In eine gefettete Tortenform drücken, so daß ein 2 cm hoher Rand entsteht. Mit Obst nach Wahl belegen und vorbacken.
Eiweiß zu sehr steifem Schnee schlagen, Zucker unter ständigem Schlagen einrieseln lassen. Das Eigelb vorsichtig unterziehen, ebenso die gemahlenen Mandeln und den Zitronensaft sowie die abgeriebene Zitronenschale. Über die Obsttorte verteilen, in den Ofen geben und auf der mittleren Schiene backen. Mit Mandelblättchen bestreuen.
Backzeit: 30 Minuten (Vorbacken), 50 Minuten (Hauptbacken).
Temperatur: 180°.

Makronen-Apfel-Kuchen

150 g Mehl, ½ KL Backpulver, 50 g Zucker, 75 g Butter, 1 Ei;
Belag: 2 EL Aprikosenmarmelade, 750 g Äpfel (ca. 8 Äpfel),
1 P. Vanillezucker, Saft einer halben Zitrone;
Makronenmasse: 2 Eier, 200 g Zucker, 4 Eiweiß,
200 g gemahlene Mandeln, 3 EL Cognac.

Mürbeteig nach Zubereitungsgrundrezept herstellen und auf den Boden einer gefetteten Springform drücken. Mit Aprikosenmarmelade bestreichen. Für die Makronenmasse Eier kräftig schlagen, den Zucker einrieseln lassen. Eiweiß steif schlagen und mit den Mandeln unter die Eimasse ziehen. Cognac hinzufügen. Äpfel entkernen, schälen, halbieren und mit Zitronensaft beträufeln.
Etwa ⅓ der Makronenmasse auf den mit Marmelade bestrichenen Boden verteilen. Darauf die Apfelstücke legen und mit Vanillezucker bestreuen. Den Rest der Makronenmasse darüberstreichen. Im vorgeheizten Ofen auf der unteren Schiene backen.
Wichtig: Zwischendurch deckt man beim Backen den Kuchen mit Alufolie ab, damit die Makronenmasse nicht verbrennt.
Backzeit: 50–60 Minuten.
Temperatur: 200°.

Schwäbischer Träubleskuchen

Zutaten wie bei Grundteig 1;
Belag: 500 g Johannisbeeren, 3 Eiweiß, 125 g Zucker,
1 EL Stärkemehl.

Mürbeteig nach Zubereitungsgrundart herstellen. 60 Minuten kaltstellen. Den Teig in eine Tortenform drücken, so daß ein ca. 1½ cm hoher Rand entsteht. Auf der unteren Schiene vorbacken. Eiweiß zu steifem Schnee schlagen, Zucker einrieseln lassen. Stärkemehl hinzufügen und noch eine Weile schlagen. Dann die geputzten, entstielten Johannisbeeren unterheben. Die Masse auf den Teigboden streichen und auf der mittleren Schiene backen. Die Eiweißmasse soll zart gelb werden.
Backzeit: 20 Minuten (Vorbacken), ca. 30 Minuten (Hauptbacken).
Temperatur: 180°, 150°.

Obsttorte

Zutaten wie bei Grundteig 1;
Belag: 2 EL Apfelgelee, 500 g Himbeeren (Aprikosen, Erdbeeren etc.),
1 P. Tortenguß, 60 g Mandelblättchen.

Mürbeteig nach Zubereitungsgrundart herstellen, ausrollen und damit eine Tortenform auslegen. Einen ca. 2 cm hohen Rand hochdrücken. Den Teig mit einer Gabel mehrmals einstechen und auf der unteren Schiene backen.
Nach dem Erkalten den Tortenboden mit Apfelgelee bestreichen, das Obst darauf verteilen und mit dem nach Päckchenvorschrift hergestellten Tortenguß überziehen. Die Mandelblättchen in der Pfanne rösten und damit den Rand der Torte dicht bestreuen.
Backzeit: 20 Minuten.
◀ *Temperatur:* 200°.

Aprikosen-Baiser-Torte

Zutaten wie bei Grundteig 1;
Belag: 1 Glas oder Dose Aprikosen (ca. 800 g);
Baiser: 2 Eiweiß, 1 Prise Salz, 50 g Puderzucker.

Mürbeteig nach Zubereitungsgrundart herstellen. Boden und Rand einer Springform damit ausformen. Kaltstellen und dann auf der unteren Schiene vorbacken. Aprikosenhälften darauf verteilen. Nochmals backen.

In der Zwischenzeit das Eiweiß mit der Prise Salz zu steifem Schnee schlagen und den Puderzucker einrieseln lassen. Die Baisermasse über die Aprikosen verteilen und glattstreichen. Die Torte nochmals in den Ofen schieben, diesmal auf die obere Schiene, und noch 5 Minuten bei starker Hitze backen. Das Baiser muß leicht gelbbraun werden. Nach Abschalten des Backofens die Torte noch 5 Minuten im geschlossenen Ofen stehen lassen.
Backzeit: 10 Minuten (Vorbacken), 20 Minuten (Zwischenbacken), 5 Minuten (Hauptbacken).
Temperatur: 190°, 190°, 220°.

Heidelbeerkuchen ▶

150 g Mehl, 100 g Margarine oder Butter, 50 g Zucker, 1 P. Vanillezucker, 1 Ei;
Belag: 500 g Heidelbeeren, 2 Eiweiß, 100 g Zucker.

Mürbeteig nach Zubereitungsgrundart herstellen. Eine Springform damit auslegen und einen Rand hochdrücken. Im vorgeheizten Backofen in 20 Minuten backen. Den fertigen Tortenboden auskühlen lassen. Die gewaschenen und abgetrockneten Heidelbeeren darauf verteilen. Eiweiß steif schlagen und den Zucker einrieseln lassen. Gitterförmig über die Heidelbeeren spritzen. Noch einmal 10 bis 15 Minuten überbacken.
Backzeit: 30–35 Minuten.
Temperatur: 200°.

Kaiserin-Viktoria-Kuchen

200 g Butter, 200 g Zucker, 5 Eigelb, 2 EL Rum, 1 P. Vanillezucker, 200 g Mehl, 50 g Stärkemehl, ½ P. Backpulver, 4 zu Schnee geschlagene Eiweiß, 75 g Zitronat;
Guß: 250 g Puderzucker, 1 Eiweiß, etwas Zitronensaft.

Die Butter sahnig, dann mit Zucker und Eigelb gut schaumig rühren. Rum und Vanillezucker untermischen. Nun gibt man nach und nach das mit Stärkemehl und Backpulver gesiebte Mehl hinzu und mit dem letzten Mehl etwa die Hälfte des in kleine Würfel geschnittenen Zitronats. Den steifen Eischnee unterheben und den Kuchen in einer mittelgroßen vorbereiteten Springform backen.

Den Puderzucker rührt man mit Eiweiß und etwas Zitronensaft oder Wasser in einigen Minuten schaumig. Die Masse darf aber nicht zu dünn sein, ein Tropfen muß soeben verlaufen. Den Kuchen damit bestreichen und schnell die Zitronatwürfel darüberstreuen.
Der Kuchen hält sich wochenlang frisch und wird im Geschmack eigentlich immer besser.
Backzeit: Ca. 60 Minuten.
Temperatur: 180°.

Strudelteig

Wer einmal einen echten Wiener Apfelstrudel gegessen hat, wird ihn so bald nicht vergessen. Das Selberbacken ist zwar keine Hexerei, erfordert aber doch einige Übung. Besonders das feine Ausziehen auf dem Tuch, der Strudel soll nämlich so dünn ausgezogen werden, daß man eine Zeitung durch den Teig hindurch lesen kann. Wir wollen uns schon zufrieden geben, wenn es uns gelingt, das Muster des Küchentuchs durchschimmern zu sehen!
Der Teig wird auf dem Brett oder auf der Arbeitsplatte bereitet. Alle Zutaten müssen lauwarm sein. Gefüllt wird der Strudel mit Obst oder Quark, wer's mag mit beidem, und gegessen wird er warm, kann aber auch kalt sehr köstlich schmecken.
Übrigens: Strudel kann man auch mit Fleischresten oder Hackfleisch füllen!

Grundrezept

250 g Mehl, 1/8 l lauwarmes Wasser, 1 Prise Salz, 50 g Öl oder flüssige Butter; beliebige Füllung; Öl zum Bepinseln; Puderzucker.

Das Mehl mit dem Salz auf das Brett sieben. In die Mitte das warme Wasser geben. Einen Teig rühren, indem man immer wieder Mehl von der Seite dazunimmt. Zuletzt das flüssige Fett hinzufügen. Den Teig gut verkneten. Abwechselnd in die rechte und linke Hand nehmen und auf das Brett schlagen, so lange, bis er schön geschmeidig und glänzend ist. Mit Öl bestreichen und eine warme Schüssel darüberstülpen. Mindestens 1 Stunde ruhen lassen.
Danach ein großes Küchentuch mit Mehl bestäuben und den Strudelteig darauf mit dem bemehlten Rollholz so dünn wie möglich vorsichtig ausrollen. Nun faßt man mit den Händen unter den Teig und zieht ihn von der Mitte her über den Handrücken aus. So dünn wie möglich! Ist Ihnen ein längliches Rechteck geglückt, wird der Teig, der ja immer noch auf dem bemehlten Tuch ruht, mit Öl bepinselt und mit einer beliebigen Füllung belegt; aber nicht ganz bis an den Rand, weil der Strudel sonst schlecht zusammenhält. Nun das Tuch anheben und den Strudel aufrollen. Die Ränder zusammendrücken. Auf ein nur in der Mitte gefettetes Blech legen, mit Butter bestreichen und sofort auf der mittleren Schiene backen.
Wenn der Strudel im Ofen ist, kann nicht mehr viel passieren, es sei denn, Sie lassen ihn verbrennen. Noch warm mit Puderzucker bestreuen.
Backzeit: 35–45 Minuten.
Temperatur: 220–240°.

Die folgenden Rezepte sollen Ihnen als Anregung zum Erfinden weiterer Varianten dienen.

Kirschstrudel

Zutaten wie beim Grundrezept;
Füllung: 500 g Kirschen, 50 g Zucker, 50 gestiftelte Mandeln, 2 EL Semmelbrösel; Puderzucker zum Bestreuen.

Strudelteig nach Grundrezept herstellen und 30 Minuten ruhen lassen. Den Teig sehr dünn ausziehen und mit Öl bepinseln, mit Semmelbröseln bestreuen. Die entsteinten Kirschen darauf verteilen. Den Zucker und die gestiftelten Mandeln darüberstreuen. Zusammenrollen, mit Öl bepinseln und in den vorgeheizten Ofen auf die mittlere Schiene schieben. Noch warm mit Puderzucker bestreuen.
Backzeit: 45 Minuten.
Temperatur: 220°.

Quarkstrudel

Zutaten wie beim Grundrezept;
Füllung: 500 g Quark, 2 Eigelb, 75 g Zucker, 50 g Sultaninen, abgeriebene Schale einer Zitrone; Butter zum Bestreichen.

Strudelteig nach Grundrezept herstellen, ausziehen und mit Öl bepinseln. Die Zutaten für die Füllung mischen. Den Teig nur zur

Hälfte mit Quarkmasse bestreichen, damit der Strudel beim Backen nicht auseinanderreißt. Der Quark dehnt sich nämlich beim Backen aus. Den Teig so zusammenrollen, daß die unbelegte Teighälfte zuletzt eingerollt wird. Mit Butter bestreichen und auf der mittleren Schiene abbacken.
Backzeit: 40 Minuten.
Temperatur: 240°.

Tiroler Strudel

Zutaten wie beim Grundrezept;
Füllung: 4 Eier, 120 g Zucker, 120 g gemahlene Haselnüsse, 100 g Rosinen.

Strudelteig nach Grundrezept herstellen und 30 Minuten ruhen lassen. Auf einem bemehlten Tuch dünn ausziehen. Mit Öl bepinseln und mit Semmelbröseln bestreuen. Eigelb und Zucker schaumig rühren. Die gemahlenen Haselnüsse und die Rosinen dazugeben. Eiweiß steif schlagen, unterziehen und die Masse auf den Teig streichen. Zusammenrollen und auf der mittleren Schiene backen.
Backzeit: 40–50 Minuten.
Temperatur: 175°.

Original Wiener Apfelstrudel ▶

Zutaten wie beim Grundrezept;
Füllung: 2 kg Äpfel (Boskop), 200 g Rosinen, 150 g gemahlene Haselnüsse, abgeriebene Schale einer Zitrone, 50 g Zucker, 1 Tasse Semmelbrösel; Puderzucker zum Bestreuen.

Strudelteig nach Grundrezept herstellen und etwas ruhen lassen. Mittlerweile die Äpfel schälen, vom Kerngehäuse befreien, in Scheiben schneiden und zuckern. Die Rosinen, die gemahlenen Haselnüsse und die abgeriebene Zitronenschale dazugeben. Die Semmelbrösel rösten.
Den Teig auf ein bemehltes Tuch legen und hauchdünn ausziehen. Zuerst mit gerösteten Semmelbröseln bestreuen, dann alle anderen Zutaten hinzufügen. Zusammenrollen und ins heiße Backrohr auf die mittlere Schiene schieben. Während des Backens den Strudel mit Butter bepinseln. Noch warm mit Puderzucker bestäuben.
Backzeit: Ca. 45 Minuten.
Temperatur: 240°.

Brandteig

Beim Brandteig ist wichtig, daß kein Zucker darin verwendet werden darf; er würde sonst nicht aufgehen. Brandteig wird zweimal gegart, einmal »abgebrannt«, nämlich im Topf, und dann gebacken oder in siedendem Fett fritiert. Es ist ein sehr empfindlicher Teig, der vor Erschütterung und Zugluft geschützt werden muß. Also nicht die Ofentür öffnen, bevor die Hälfte der Backzeit um ist, und während dieser Zeit auch nicht nebenan Schnitzel klopfen!
Das bekannteste Brandteiggebäck sind Liebesknochen, auch Eclairs genannt, und Windbeutel. Ich habe mich auch auf diese beiden Rezepte beschränkt, weil Sie mit etwas Fantasie damit die verschiedensten Sachen zaubern können, je nachdem, welche Füllungen oder Güsse sie verwenden (siehe Kapitel »Cremes, Güsse und Streusel«).

Grundrezept

¼ l Wasser, 50-65 g Butter, 1 Prise Salz, 150 g Mehl, 6 Eier.

Wasser, Butter und Salz zum Kochen bringen, dann die Hitze reduzieren. Das Mehl auf einmal dazugeben, dabei ständig rühren, bis sich der Teig vom Topfboden löst und sich zu einem Kloß zusammenballt. Der Teig darf jedoch nicht zu lang erhitzt werden, da er sonst fest und schwer wird. Den Topf vom Feuer nehmen und sofort ein Ei in die heiße Masse schlagen. Die übrigen Eier nach und nach dazu geben. Jedes Ei muß mit dem Teig erst gut verrührt werden, bevor das nächste hineinkommt. Danach muß der Teig ein wenig ruhen, um dann je nach Rezept weiterverarbeitet zu werden.

Liebesknochen

Zutaten wie beim Grundrezept;
1 P. Puddingpulver (Vanille-, Schokoladen- oder Kaffeegeschmack).

Brandteig nach Grundrezept herstellen. In einen Spritzbeutel mit weiter Tülle füllen und etwa fingerlange Streifen auf ein mit Wasser abgespültes Blech spritzen. Auf mittlerer Schiene abbacken, aufschneiden und nach dem Erkalten mit dem nach Päckchenvorschrift zubereiteten Pudding füllen. Zusammenklappen und dick mit Puderzuckerguß überziehen.
Backzeit: 40–50 Minuten. *Temperatur:* 230°.

Windbeutel

Zutaten wie Grundrezept; ¼ l Sahne; Puderzucker zum Bestäuben.

Brandteig nach Grundrezept zubereiten. Mit einem Löffel 16 gleichmäßige Häufchen davon auf ein mit Wasser abgespültes Blech setzen und auf der mittleren Schiene sofort abbacken. Nach dem Backen die Windbeutel sofort aufschneiden und erkalten lassen. Mit Schlagsahne füllen und nach Wunsch mit Puderzucker bestäuben.
Man kann der Schlagsahne auch Früchte, zum Beispiel Johannisbeeren, hinzufügen. Mit Schokoladenraspeln garnieren.
Backzeit: 35–45 Minuten. *Temperatur:* 225–240°.

Blätterteig

Blätterteig ist ein Nudelteig, in den lagenweise Butter eingearbeitet wird. Dieser mehrfach wiederholte Vorgang wird als »Tour« bezeichnet. Alle Zutaten müssen sehr kalt sein, selbst der Raum sollte während der Zubereitung nicht geheizt werden. Wie der Brandteig wird auch der Blätterteig ohne Zucker hergestellt, der den Teig nur schwer machen würde. Genügend Süße bekommt er, wenn man ihn auf Zucker ausrollt oder mit einer süßen Creme nach dem Backen füllt. Blätterteig wird auf einem nicht gefetteten, sondern nur mit Wasser abgespülten Blech gebacken.

Übrigens gibt es Blätterteig tiefgekühlt fertig zu kaufen, und ich muß Ihnen gestehen, daß ich ihn vorziehe, ganz einfach, weil er so schnell verarbeitet ist. Wenn Sie einmal selbst Blätterteig hergestellt haben, werden Sie mich verstehen!
Blätterteig verwenden Sie zu den sogenannten Napoleonschnitten, zu feinen Obstkuchen und zu kleinem Gebäck mit Füllungen aus Marmelade, Nüssen, Mandeln, Quark und Früchten. Mit Güssen aus Schokolade, Puderzucker oder gezuckerter Butter können Sie Blätterteiggebäck immer wieder abwandeln (siehe Bild unten).

Grundrezept

Teig 1: 125 g Mehl, 300 g Butter;
Teig 2: 180 g Mehl, 1 Ei, 3-4 EL Wasser.

Die 125 g Mehl werden zunächst auf ein Backbrett gesiebt und mit der blättrig geschnittenen, kalten Butter bedeckt. Beides schnell mit kalten Händen verkneten, zu einer Art Ziegel formen und in den Kühlschrank legen.
Aus den 180 g Mehl, dem Ei und dem Wasser einen Nudelteig kneten und ausrollen. Darauf den Butter-Mehl-Ziegel legen. Die Nudelteigseiten von rechts und links überschlagen und die Ränder andrücken. Dieses Paket wird nun wieder ausgerollt, und zwar vorsichtig und nur in einer Richtung. Sie werden dabei das Rollholz immer wieder absetzen müssen. Dann nochmals die Teigseiten zusammenschlagen und kühl stellen. Das war die erste Tour, die jetzt noch dreimal ausgeführt werden muß. Um es noch unmißverständlicher zu sagen: Noch dreimal den Teig vorsichtig ausrollen, zusammenschlagen und kühl stellen, jeweils mindestens 30 Minuten. Dann erst ist er zur Verarbeitung bereit.

Apfeltorte »Royal«

Zutaten wie beim Grundrezept
oder 1 P. tiefgekühlter Blätterteig;
Füllung: 5 Äpfel, 6 EL Apfelgelee; Puderzucker zum Bestreuen.

Mit dem fertigen Blätterteig eine Springform auslegen. Ist der Blätterteig tiefgekühlt, ihn vorher ca. 2 Stunden auftauen lassen. Einen 2 cm hohen Rand hochdrücken. Die Äpfel schälen und entkernen, in dicke Scheiben schneiden und fächerartig auf den Teig legen. Auf der unteren Schiene abbacken. Danach die Torte mit Apfelgelee bestreichen und vor dem Servieren mit Puderzucker bestreuen.
Backzeit: 30 Minuten.
Temperatur: 230°.

Napoleonschnitten

Zutaten wie beim Grundrezept
oder 1 P. Tiefkühl-Blätterteig; Vanillecreme; Puderzuckerguß.

Den fertigen Blätterteig zu einem Rechteck ausrollen, auf ein befeuchtetes Blech legen und auf der mittleren Schiene abbacken. Nach dem Backen etwas erkalten lassen und in 3 gleich große Platten schneiden. Vanillecreme mit 2 Päckchen Vanillezucker herstellen (siehe Rezept »Einfache Creme«, Kapitel »Cremes, Güsse und Streusel«) und auf eine der Teigplatten streichen. Eine weitere Platte daraufsetzen, wieder mit Vanillecreme bestreichen und mit der 3. Platte daraufsetzen, wieder mit Vanillecreme bestreichen und mit der 3. Platte abdecken. Dick mit Puderzuckerguß (siehe Kapitel »Cremes, Güsse und Streusel«) überziehen, erkalten lassen und in Rechtecke schneiden.
Backzeit: 15–20 Minuten.
Temperatur: 220°.

◀ Äpfel im Schlafrock

Zutaten wie beim Grundrezept
oder 1 P. tiefgekühlter Blätterteig; 4 Äpfel, 1-2 Eigelb;
Füllung: 4 EL rote Marmelade, 100 g Mandelsplitter.

Den Blätterteig ausrollen. Die Äpfel schälen und das Kerngehäuse ausstechen. Marmelade und Mandelsplitter mischen und die Äpfel damit füllen. Die gefüllten Äpfel mit Blätterteig umhüllen. Aus Teigresten kleine Vierecke ausschneiden und diese auf die umhüllten Äpfel setzen. Mit Eigelb bestreichen. Auf ein befeuchtetes Blech legen und auf der mittleren Schiene abbacken.
Backzeit: 20–30 Minuten.
Temperatur: 230°.

Baiser – Grundrezept

1 Eiweiß, 70 g Zucker, ½ EL Zitronensaft.

Das Eiweiß steif schlagen und den Zucker langsam einrieseln lassen. Während des Schlagens tropfenweise Zitronensaft dazugeben. Die Masse muß sehr steif sein. Mit dem Kaffeelöffel kleine Häufchen davon auf ein mit Butterbrotpapier belegtes Blech setzen und im Ofen auf der mittleren Schiene mehr trocknen als backen. Man kann die Masse auch in einen Spritzbeutel füllen und entsprechende Muster auf das Blech setzen.
Bitte verwenden Sie keinen Puderzucker. Wenn man kleinere Baisers machen will, verkürzt sich die Backzeit entsprechend. Die angegebene Menge ergibt ungefähr 4 mittelgroße Baisers. Kleine Baisers eignen sich vorzüglich zum Verzieren von Torten und Obstkuchen. Will man die Baisers nicht gleich verwenden, kann man sie gut 1 bis 2 Wochen in einer dicht schließenden Blechschachtel aufbewahren.
Backzeit: 110 Minuten.
Temperatur: 100°.

▶

Klostertorte

10 Eiweiß, 300 g Zucker, 3 P. Vanillezucker,
325 g gemahlene, geschälte Mandeln, 75 g Zitronat,
4 Rippen Kochschokolade;
Schokoladenguß; abgezogene und grob gehackte Pistazien.

Eiweiß zu festem Schnee schlagen, Zucker und Vanillezucker dazugeben. Über Wasserdampf schlagen. Die gemahlenen Mandeln, das gestiftelte Zitronat und die in Stückchen geschnittene Schokolade vorsichtig unterheben. In eine gefettete und mit Semmelbröseln ausgestreute Springform füllen und auf der mittleren Schiene abbacken. 3 Tage stehen lassen. Erst dann mit Schokoladenguß (siehe Kapitel »Cremes, Güsse und Streusel«) überziehen und mit Pistazien verzieren.
Backzeit: 45–50 Minuten.
Temperatur: 200°.

Möhrenkuchen

4 Eier, 2 EL warmes Wasser, 200 g Zucker, 1 EL Rum,
Saft einer halben Zitrone, 100 g Stärkemehl, 200 g gemahlene Nüsse,
200 g geraspelte rohe Möhren; Schokoladenguß.

Das Eigelb mit den übrigen Zutaten mischen, zuletzt das zu Schnee geschlagene Eiweiß unterheben. in eine mit Backpapier ausgelegte Springform füllen und sofort auf der mittleren Schiene backen.
Mit Schokoladenguß (siehe Kapitel »Cremes, Güsse und Streusel«) überziehen.
Backzeit: 45 Minuten.
Temperatur: 190°.

Haselnußtorte *(Bild Seite 2 unten links)*

Zutaten und Zubereitung wie Rezept »Nußtorte ohne Mehl«, (S. 60); Für die Füllung: ¼ l süße Sahne, 100 g gemahlene Haselnüsse; einige ganze Haselnüsse zum Garnieren. Zucker.

Den Tortenboden nach dem Erkalten einmal quer durchschneiden. Die Sahne steifschlagen und die geriebenen Haselnüsse unterziehen. Nach Belieben süßen. Die Hälfte der Sahne auf den einen Boden streichen und die Torte wieder zusammensetzen. Die übrige Sahne auf der Torte verteilen. Mit Haselnüssen garnieren.
Backzeit: 60 Minuten.
Temperatur: 200°.

Jägertorte

500 g geriebene Nüsse (oder halb Nüsse, halb Mandeln), 10 Eier, 250 g Zucker; Zitronenguß; evtl. ½ l Sahne.

Zucker und Eigelb schaumig rühren, Nüsse dazugeben. Zuletzt vorsichtig das zu steifem Schnee geschlagene Eiweiß unterheben. In eine gefettete Springform füllen und auf der mittleren Schiene backen. Nach dem Abkühlen die Torte mit Zitronenguß (siehe Kapitel »Cremes, Güsse und Streusel«) überziehen. Nach Wunsch durchschneiden und mit Schlagsahne füllen. Ungefüllt kann man diese Torte längere Zeit aufbewahren.
Backzeit: 60 Minuten.
Temperatur: 180°.

Mandeltorte »Ferrara«

200 g Zucker, 250 g geriebene Mandeln, 250 g Butter, 3 Eier, 100 g Mehl, 100 g geriebene Schokolade, 70 g Biskuitbrösel, 5 EL Marsala-Wein (Südwein); 100 g Puderzucker, 2 P. Vanillezucker.

Butter gut schaumig rühren und mit Zucker, Eigelb, geriebenen Mandeln, Schokolade, Marsalawein und Bröseln gut verrühren. Zum Schluß das steif geschlagene Eiweiß und das Mehl vorsichtig unterheben. Die Masse in eine gefettete, bemehlte Springform füllen und auf der mittleren Schiene backen. Vor dem Servieren die Torte mit einem Gemisch aus Vanillezucker und Puderzucker bestreuen.
Backzeit: 40 Minuten.
Temperatur: 190°.

Schokoladenkuchen »Nairobi« ▶

75 g Butter, 3 Eier, 100 g Zucker, 100 g gemahlene Mandeln, 100 g geriebene Schokolade, 100 g zerbröselter Zwieback; Puderzuckerguß; Schokoladenraspeln.

Die weiche Butter mit Eigelb und Zucker sehr schaumig rühren, möglichst 20 bis 30 Minuten lang. Gemahlene Mandeln, Schokolade und Zwieback beifügen. Zuletzt das steif geschlagene Eiweiß vorsichtig unterheben. Die Masse in eine gefettete Springform füllen, glattstreichen und auf der mittleren Schiene abbacken. Mit Puderzukkerguß (siehe Kapitel »Cremes, Güsse und Streusel«) überziehen und mit Schokoladenraspeln bestreuen.
Backzeit: Ca. 35 Minuten.
Temperatur: 180°.

Schwedischer Apfelkuchen

150 g Butter, 150 g Zucker, 4 Eier, 150 g gemahlene Mandeln, 1 KL Zimt, 1 KL gemahlene Nelken, abgeriebene Schale einer Zitrone, 3 KL Semmelbrösel; 300 g Äpfel.

Alle Zutaten außer den Äpfeln in genannter Reihenfolge zu einem Teig verarbeiten. Die Hälfte davon in eine gefettete und mit Semmelbröseln ausgestreute Springform füllen, darauf die feinblättrig geschnittenen Äpfel legen. Mit der anderen Hälfte des Teigs bedecken. Im vorgeheizten Ofen auf der mittleren Schiene backen.
Backzeit: 50 Minuten.
Temperatur: 190°.

Nußtorte ohne Mehl

5 Eier, 250 g Puderzucker, 250 g gemahlene Haselnüsse; Schokoladenguß; Nüsse zum Verzieren.

Eier und Puderzucker schaumig rühren, gemahlene Haselnüsse unterziehen. In eine gefettete Springform füllen und im vorgeheizten Ofen auf der mittleren Schiene backen. Nach dem Erkalten mit Schokoladenguß bestreichen und mit Nüssen verzieren.
Am besten 3 Tage vor Gebrauch backen und kühl stellen.
Backzeit: 60 Minuten.
Temperatur: 200°.

Bild rechts:
Schokoladentorte »Nairobi«
Feiner Nußkuchen mit Mohn (Rezept S. 18)

Pfirsichkuchen »Cabannes«

125 g Butter, 125 g Zucker, 125 g gemahlene Mandeln, 125 g geriebene Schokolade, 125 g Semmelbrösel, 5 Eier; ca. 500–750 g Pfirsiche; 75 g Puderzucker, 1 P. Vanillezucker.

Butter mit Zucker und Eiern schaumig rühren, Mandeln, Schokolade und Brösel hinzufügen. Die Pfirsiche schälen, entkernen und in Spalten schneiden. Den Teig in eine gefettete, bemehlte Springform füllen und die Pfirsiche hübsch darauf anordnen. Im vorgeheizten Ofen auf der mittleren Schiene backen. Nach dem Erkalten mit einem Gemisch aus Puderzucker und Vanillezucker bestreuen.
Backzeit: 35–45 Minuten. *Temperatur:* 180–190°.

Eierlikörtorte

300 g Löffelbisquits, 250 g Butter, 250 g Zucker, 3 Eigelb, 2 P. Vanillezucker, ½ Flasche Eierlikör (ca. 0,35 l), ⅛ l Rum; ¼ l Sahne.

Butter, Zucker, Vanillezucker und Eigelb schaumig rühren. Eierlikör hinzufügen. Die Löffelbisquits in Rum tauchen. Eine mit Pergamentpapier ausgelegte Springform so damit auslegen, daß Rand und Boden bedeckt sind. Dann die Eierlikörmasse einfüllen. Über Nacht in den Kühlschrank stellen. Mit Schlagsahne servieren.

Frankfurter Kranz

100 g Butter, 150 g Zucker, 150 g Mehl, 50 g Stärkemehl, 3 Eier, 2 KL Backpulver, 1 Messerspitze Salz, abgeriebene Schale einer Zitrone, 2 EL Milch; Füllung: Vanille-Buttercreme; 50 g geriebene Mandeln, 1½ EL Zucker, 1½ KL Butter, Himbeergelee; 8 kandierte Kirschen.

Rührteig nach Zubereitungsgrundart herstellen, in eine gut gefettete Kranzform geben und abbacken. Den Kranz zweimal aufschneiden und mit Gelee bestreichen. Mit einem Teil der Buttercreme füllen und zum Schluß den ganzen Kuchen mit Creme bestreichen. Die mit Butter und Zucker gerösteten Mandeln darüberstreuen. Mit Buttercremespitzen und kandierten Kirschen verzieren.
Backzeit: 50–60 Minuten. *Temperatur:* 190°.

Bild rechts:
Original Sachertorte (Rezept S. 64)
Kastanientorte (Rezept S. 64)

Original Sachertorte *(Bild Seite 63)*

140 g Butter, 140 g Puderzucker, 1 EL Rum,
140 g gute Kochschokolade, 8 Eier, 120 g Mehl,
100 g Aprikosenmarmelade; Schokoladenguß.

Butter, Zucker, Rum, im Wasserbad aufgelöste Schokolade und das Eigelb sehr schaumig rühren. Mehl und das zu steifem Schnee geschlagene Eiweiß nach und nach unterheben. Springform mit Pergamentpapier auslegen, den Boden mit Butter bestreichen und den Teig einfüllen. Im vorgeheizten Backofen backen. Die Torte im halb geöffneten Ofen auskühlen lassen. Anschließend rundherum dünn mit Aprikosenmarmelade bestreichen. Über Nacht stehen lassen. Am nächsten Tag mit Schokoladenguß (siehe Kapitel »Cremes, Güsse und Streusel«) überziehen. Mit Schlagsahne servieren.
Backzeit: 50–60 Minuten.
Temperatur: 180–200°.

Kastanientorte *(Bild Seite 63)*

800 g Kastanien (Maroni), 4 Eiweiß, 280 g Zucker, 2 EL Zitronensaft,
1 EL Kakaopulver;
Füllung: 3–4 EL Zucker, ½ l Schlagsahne,
150 g Krokantstreusel oder Haselnüsse; Schokoladenguß.

Kastanien einschneiden und im Backofen braten, bis sie aufspringen. Dann schälen, in leicht gesalzenem Wasser weich kochen und durch ein Sieb streichen. Einige Kastanien zur Garnierung aufheben. Eiweiß zu steifem Schnee schlagen. Nach und nach Zucker, Zitronensaft, Kakaopulver und gut drei Viertel der Kastanienmasse dazugeben. In eine mit Pergament ausgelegte Springform füllen und im vorgeheizten Backofen backen. Die Torte auskühlen lassen und in der Mitte durchschneiden.
Das restliche Kastanienpüree mit Zucker und der steif geschlagenen Sahne vermischen. Die Torte damit füllen und rundherum bestreichen. Mit Krokantstreuseln oder fein gehackten Haselnüssen bestreuen. Die übrigbehaltenen Kastanien mit Schokoladenguß überziehen. Die Torte mit den Kastanien und etwas Sahne verzieren.
Backzeit: Ca. 60 Minuten.
Temperatur: 160–180°.

Kuchen aux pruneaux d'Agen (mit Kurpflaumen)

200 g Butter, 200 g Zucker, 1 Prise Salz, 4 Eier,
abgeriebene Schale einer Zitrone,
20 Pruneaux d'Agen (Kurpflaumen) ohne Steine, 250 g Mehl,
100 g grob gehackte Haselnüsse,
2 EL Eau de vie de prunes (Pflaumenschnaps).

Butter cremig rühren, dann mit Zucker und Salz schaumig schlagen. Die Eier nach und nach einzeln dazugeben. Schnaps, abgeriebene Zitronenschale und die gewürfelten, mit etwas Mehl vermischten Pflaumen, die gehackten Nüsse und das Mehl hinzufügen, gut durchrühren. In eine gefettete und mit Semmelbröseln ausgestreute Kastenform füllen. Im vorgeheizten Ofen auf der unteren Schiene backen.
Backzeit: 60 Minuten.
Temperatur: 170°.

Schokoladentorte »Sini«

250 g Butter, 250 g geriebene feine Schokolade, 250 g Mehl,
250 g Zucker, 1 P. Vanillezucker, 12 Eiweiß;
Füllung: 4 Eigelb, 1 Tasse Kaffee-Extrakt, 75–100 g Zucker,
125 g Butter;
Guß: 200 g Puderzucker, etwas Wasser, 150 g Schokolade.

Butter, geriebene Schokolade, Zucker, Vanillezucker und Mehl gut verrühren. Zuletzt das steif geschlagene Eiweiß unterheben. Im vorgeheizten Ofen backen. Nach dem Backen waagerecht durchschneiden und mit Creme füllen. Dafür Kaffee-Extrakt, Zucker und Eigelb im Wasserbad zu einer dicklichen Creme schlagen. Die Butter schaumig rühren und zu der erkalteten Creme geben. Einen Boden mit der Creme bestreichen und mit dem anderen Boden bedecken. Puderzucker mit ganz wenig Wasser aufkochen und die erweichte Schokolade dazurühren. Schnell über die Torte gießen und verstreichen.
Backzeit: 40–50 Minuten.
Temperatur: 200°.

Für jeden etwas...

Praktische Gebrauchsbücher stehen Ihnen, lieber Leser, mit Rat und Information zur Seite, wenn es darum geht, Fragen des täglichen Lebens zu beantworten.
Die hervorragende Sachkenntnis und die verständliche Sprache unserer Fachautoren sind ebenso selbstverständlich wie die sorgfältige Ausstattung unseres großen Buchprogramms. Damit bietet Ihnen der Falken-Verlag Bücher zum Lesen und Nachschlagen, mit denen Sie Ihr Leben aktiv und erfolgreich gestalten können.

Trockenblumen und Gewürzsträuße
(Best.-Nr. 5084) DM 9,80

Kleingebäck
(Best.-Nr. 5089) DM 9,80

Phantasieblumen
(Best.-Nr. 5091) DM 9,80

Brotspezialitäten
(Best.-Nr. 5088) DM 9,80

Raffinierte Steaks
(Best.-Nr. 5043) DM 9,80

Schmuck und Objekte aus Metall und Email
(Best.-Nr. 5078) DM 16,80

Spanische Küche
(Best.-Nr. 5037) DM 9,80

Zugeschaut und mitgebaut 1 – 4
(Best.-Nr. 5031, 5061, 5077, 5093)
je DM 14,80

Kalte Happen und Partysnacks
(Best.-Nr. 5029) DM 9,80

Gemüse und Kräuter
(Best.-Nr. 5024) DM 9,80

Hobby Holzschnitzen
(Best.-Nr. 5101) DM 14,80

Kinder lernen spielend kochen
(Best.-Nr. 5096) DM 9,80

Das neue Hundebuch
(0009) Von W. Busack, überarbeitet von Dr. med. vet. A. Hacker, 104 S., zahlreiche Abb. auf Kunstdrucktafeln, kart., DM 6,80

Mietrecht
Leitfaden für Mieter und Vermieter
(0479) Von Johannes Beuthner, 196 S., kart., DM 12,80

Scheidung und Unterhalt
nach dem neuen Eherecht
(0403) Von Rechtsanwalt H.T. Drewes, 104 S., mit Karten und Unterhaltstab., kart., DM 7,80

Der neue Briefsteller
(0060) Von I. Wolter-Rosendorf, 112 S., kart., DM 5,80

Die erfolgreiche Bewerbung
(0173) Von W. Manekeller, 152 S., kart., DM 8,80

Verse fürs Poesiealbum
(0241) Von Irmgard Wolter, 96 S., 20 Abb., kart., DM 4,80

Knobeleien und Denksport
(2019) Von Klas Rechberger, 142 S., viele Zeichnungen, kart., DM 7,80

Heimwerker-Handbuch
Basteln und Bauen mit elektrischen Heimwerkzeugen
(0243) Von Bernd Käsch, 204 S., 229 Fotos und Zeichnungen, kart., DM 9,80

Großes Rätsel-ABC
(0246) Von H. Schiefelbein, 416 S., gbd. DM 16,80

Stricken, häkeln, loopen
(0205) Von Dr. Marianne Stradal, 96 S., 100 Abb., kart., DM 5,80

Tennis
Technik – Taktik – Regeln
(0375) Von Harald Elschenbroich, 112 S., 81 Abb., kart., DM 6,80

Wie soll es heißen?
(0211) Von Dr. Köhr, 88 S., kart., DM 5,80

Beliebte und neue
Kegelspiele
(0271) Von Georg Bocsai, 92 S., 62 Abb., kart., DM 4,80

Vorbereitung auf die Geburt
Schwangerschaftsgymnastik, Atmung, Rückbildungsgymnastik
(0251) Von Sabine Buchholz, 112 S., 98 Fotos, kart., DM 6,80

Spaß am Laufen
Jogging für die Gesundheit
(0470) Von Werner Sonntag, 120 S., 36 Abb., kart., DM 6,80

Glückwünsche, Toasts und Festreden zur Hochzeit
(0264) Von Irmgard Wolter, 88 S., kart., DM 4,80

Spielend Schach lernen
(2002) Von Theo Schuster, 128 S., kart., DM 6,80

Spiele für Kleinkinder
(2011) Von Dieter Kellermann, 80 S., kart., DM 5,80

Selbst tapezieren und streichen
(0289) Von Dieter Heitmann und Jürgen Geithmann, 116 S., 67 Abb., kart., DM 6,80

Von der Verlobung zur Goldenen Hochzeit
Vorbereitung – Festgestaltung – Glückwünsche
(0393) Von Elisabeth Ruge, 120 S., kart., DM 6,80

Bruce Lees Kampfstil 2
Selbstverteidigungs-Techniken
(0486) Von Bruce Lee, M. Uyehara, 128 S., 310 Fotos, kart., DM 9,80

Pilze
erkennen und benennen
(0380) Von J. Raithelhuber, 136 S., 106 Farbfotos, kart., DM 9,80

Falken-Handbuch Pilze
Mit über 250 Farbfotos und Rezepten
(4061) Von Martin Knoop, 276 S., 250 Farbfotos, 28 Zeichnungen, gbd. DM 36,–

Ziervögel
in Haus und Voliere
Arten · Verhalten · Pflege
(0377) Von Horst Bielfeld, 144 S.,
32 Farbfotos, kart., DM 9,80

Beeren und Waldfrüchte
erkennen und benennen –
eßbar oder giftig?
(0401) Von J. Raithelhuber, 136 S.,
90 Farbfotos, 40 s/w, kart., DM 16,80

Arzneikräuter und Wildgemüse
erkennen und benennen
(0459) Von J. Raithelhuber, 140 S.,
108 Farbfotos, kart., DM 12,80

Tee für Genießer
(0356) Von Marianne Nicolin, 64 S.,
4 Farbtafeln, kart., DM 5,80

Fred Metzlers
Witze mit Pfiff
(0368) 120 S., Taschenbuchformat,
kart., DM 5,80

Selbst Brotbacken
mit über 50 erprobten Rezepten
(0370) Von Jens Schiermann, 80 S.,
mit 6 Zeichnungen und 4 Farbtafeln,
kart., DM 6,80

Kalorien · Joule
Eiweiß · Fett · Kohlenhydrate
tabellarisch nach gebräuchlichen
Mengen
(0374) Von Marianne Bormio, 88 S.,
kart., DM 4,80

Zimmerpflanzen
(5010) Von Inge Manz, 64 S.,
98 Farbabb., Pbd. DM 9,80

Die 12 Sternzeichen
Charakter, Liebe und Schicksal
(0385) Von Georg Haddenbach,
160 S., gbd., DM 9,80

Möbel aufarbeiten, reparieren und pflegen
(0386) Von E. Schnaus-Lorey,
96 S., 104 Fotos und Zeichnungen,
kart., DM 6,80

Selbst Wahrsagen mit Karten
Die Zukunft in Liebe, Beruf und
Finanzen
(0404) Von Rhena Koch, 112 S.,
viele Abb., Pbd., DM 9,80

Einkochen
nach allen Regeln der Kunst
(0405) Von Birgit Müller, 96 S.,
8 Farbtafeln, kart., DM 6,80

Die besten
Tierwitze
(0496) Herausgegeben von
Peter Hartlaub und Silvia Pappe,
112 S., 25 Zeichnungen, kart., DM 5,80

Tauchen
Grundlagen – Training – Praxis
(0267) Von W. Freihen, 144 S.,
71 Fotos und Farbtafeln, kart., DM 9,80

Moderne Schmalfilmpraxis
Ausrüstungen · Drehbuch · Aufnahme
Schnitt · Vertonung
(4043) Von Uwe Ney, 328 S., mit über
200 Abb., teils vierfarbig,
gbd., DM 29,80

Windsurfing
Handbuch für Grundstein und Praxis
(5028) Von Calle Schmidt, 64 S.,
über 50 Abb., durchgehend vierfarbig,
Pbd., DM 9,80

Reiten
Vom ersten Schritt zum Reiterglück
(5033) Von Herta F. Kraupa-Tuskany,
64 S., mit vielen Zeichnungen und
Farbabb., Pbd., DM 9,80

Die Selbermachers
renovieren ihre Wohnung
(5013) Von Wilfried Köhnemann,
148 S., 374 Farbabb., Zeichnungen
und Fotos, kart., DM 14,80

Bauernmalerei
leicht gemacht
(5039) Von Senta Ramos, 64 S.,
78 vierfarbige Abb., Pbd., DM 9,80

Großes Getränkebuch
Wein · Sekt · Bier und Spirituosen
aus aller Welt, pur und gemixt
(4039) Von Claus Arius, 288 S.,
mit Register, 179 teils großformatige
Farbfotos, Schuber, gbd., DM 58,–

Die besten
Ostfriesenwitze
(0495) Herausgegeben von
Onno Freese, 112 S., 17 Zeichnungen,
kart., DM 5,80

Moderne Fotopraxis
Bildgestaltung · Aufnahmepraxis ·
Kameratechnik · Fotolexikon
(4030) Von Wolfgang Freihen, 304 S.,
mit 244 Abb., davon 50 vierfarbig,
Balacron mit vierfarbigem Schutzumschlag, abwaschbare Polylein-prägung, DM 29,80

Falken-Handbuch spielen
drinnen und draußen, für jung und alt
(4034) Von Heinz Görz, 430 S.,
mit 370 farbigen Zeichnungen,
gbd., DM 36,–

CB-Code
Wörterbuch und Technik
(0435) Von Richard Kerler, 120 S.,
mit technischen Abb., kart., DM 7,80

Münzen
Ein Brevier für Sammler
(0353) Von Erhard Dehnke, 128 S.,
30 Abb. – teils farbig –, kart., DM 9,80

Naive Malerei
leicht gemacht
(5083) Von Felizitas Krettek,
64 S., 76 Farbfotos, Pbd., DM 9,80

Balkons in Blütenpracht
zu allen Jahreszeiten
(5047) Von Nikolaus Uhl, 64 S.,
82 vierfarbige Abb., Pbd., DM 9,80

Grillen
drinnen und draußen
(4047) Von Claus Arius, 152 S.,
30 Farbtafeln in flexiblen Karton,
gbd., DM 12,80

Moderne Korrespondenz
(4014) Von H. Kirst und W. Manekeller,
570 S., gbd., DM 39,–

Die hier vorgestellten Bücher sind nur eine Auswahl aus unserem großen Ratgeber- und Sachbuchprogramm.
Bitte fordern Sie unser kostenloses Gesamtverzeichnis an.

Falken-Verlag GmbH · Postfach 1120
D-6272 Niedernhausen/Ts.

Die Frau als Hausärztin
(4072) Von Dr. med. Anna Fischer-Dückelmann, 808 S., 16 Farbtafeln,
174 Fotos, 238 Zeichnungen, DM 58,–

Kalte Platten
(4064) Von Maître Pierre Pfister,
240 S., 135 großformatige Fotos,
gbd., DM 48,–

Judo
Grundlagen-Methodik
(0305) Von Mahito Ohgo, 204 S.,
mit 1025 Fotos, kart., DM 14,80

Sportfischen
Fische – Geräte – Technik
(0324) Von Helmut Oppel, 144 S.,
mit 49 Fotos, Abb., und 8 Farbtafeln,
kart., DM 9,80

Katzen
Rassen · Haltung · Pflege
(4216) Von Brigitte Eilert-Overbeck,
96 S., 82 großformatige Fotos,
Pbd., DM 19,80

Das Aquarium
Einrichtung, Pflege und Fische für
Süß- und Meerwasser
(4029) Von Hans J. Mayland, 334 S.,
mit über 415 Farbabb. und Farbtafeln
sowie 150 Zeichnungen und Skizzen,
gbd., DM 36,–

Hunde-Ausbildung
Verhalten – Gehorsam – Abrichtung
(0346) Von Prof. Dr. R. Menzel,
96 S., 18 Fotos, kart., DM 7,80

Faszinierende Formen und Farben
Kakteen
(4211) Von Katharina und Franz Schild,
96 S., 127 großformatige Farbfotos,
Pbd., DM 19,80

Astrologie
Charakterkunde – Schicksal, Liebe
und Beruf – Berechnung und
Deutung von Horoskopen-
Aszendenttabelle
(4068) Von B. A. Mertz, mit einem
Geleitwort von Hildegard Knef, 342 S.,
mit erläuternden Grafiken,
gbd., DM 29,80

Das farbige Kinderlexikon
von A–Z
(4059) Herausgegeben von
Felicitas Buttig, 392 S., 386 farbige
Abb., Pbd., DM 29,80